원어민 게이지 100% 살리는

스펜서쌤의

미국 영어

센스가 돋보이는
사회생활 영어 회화

" Hello, everyone!
I'm Spencer."

여러분, 안녕하세요! 스펜서입니다.

제 두 번째 책<원어민 게이지 100% 살리는 스펜서쌤의 미국 영어: 센스가 돋보이는 사회생활 영어 회화>로 다시 여러분을 맞이하게 되어 너무 기뻐요. 이 책이 여러분의 영어 학습 여정을 계속하거나 다시 시작하는 데 새로운 의지를 북돋아 주길 바라고 있어요.

그리고 제 첫 번째 책<원어민 게이지 100% 살리는 스펜서쌤의 미국 영어: 숨 쉬듯 매일 말하는 일상 회화 표현>으로 공부해 주신 분들! 다시 찾아 주어 정말 환영하고, 감사해요. 저의 첫 번째 책이 당신에게 일상생활에서 필요한 자신감을 주었기를 바라요. 그리고 이 시리즈에 처음 오신 분들 역시 진심으로 환영하고 감사해요!

다양한 사회적 상황에 맞는 자연스러운 미국식 영어를 배우고자 하는 중급 영어 레벨의 학습자들을 위해 이 책을 썼어요. 이 책을 통해 여러분은 영어를 향상시킬 수 있을 뿐만 아니라, 여러분이 배우게 될 센스 있는 표현들 덕분에 (영어를 사용하는) 사회생활 능력 도 향상시킬 수 있을 거예요. 저는 (인간)관계를 더욱 좋게 하고, 말에 깊이를 더하는 표현을 가르쳐 주고 싶어요. 영어의 기본을 뛰어넘어 재치와 유머 감각, 개성이 있는 영어를 보여 줄 때라고 생각해요.

이 책은 총 30개의 레슨으로 구성되어 있어요. 첫 번째 책과 마찬가지로 각 주제에 대해 얼마나 깊이 있게 이야기할 수 있는지 자신만의 수준을 알 수 있는 '게이지'가 있어요. 여러분은 레슨별로 9개의 유용하고 자연스러운 표현을 배우고, 현실적인 대화를 통해 이러한 표현들을 사용하는 방법까지 알 수 있어요. 그리고 복습 퀴즈는 공부한 내용을 오래도록 기억하는 데 도움을 줄 거예요.

많은 분들에게 감사하다는 말씀 전하고 싶어요. 저를 격려해 주시고 제 생각에 귀 기울여 주신 가족, 친구들에게 감사드려요. 그리고 시대인에 있는 모든 분들께도 감사해요. 특히, 김현진 대리님, 심영미 팀장님 감사해요! 마지막으로 지금까지 저의 모든 학생들에게 감사합니다.

여러분이 영어를 배우는 여정에 이 책이 조금이나마 도움이 되기를 바라요. 보다 자기 본연의 모습 그대로 편안하게 원어민들과 소통할 수 있기를 응원할게요!

스펜서 맥케나 드림.

여러분은 다음 상황에서 영어로 어떻게 말하고 있나요?

Q 상대방에게 좋지 않은 소식을 전달해야 한다면?

Q 누군가를 칭찬할 때면?

Q 상대방 의견에 끝까지 동의하지 않는다면?

Q 누군가에게 용기를 북돋아 주고 싶을 때면?

Q 받고 싶은 결혼 선물을 물어 보고 싶다면?

Q 갑작스럽게 예약을 취소해야 한다면?

Q 다른 사람의 행동에 불만을 토로할 때면?

격식을
갖춰서?

직설적으로?

유머러스하게?

무난하게?

형식적으로?

가볍게?

부드럽게?

우회적으로?

A

Let's agree to disagree.

서로 생각이 다른 걸 인정하자.

논쟁은 끝내고 다음으로 넘어 가길 원할 때   # 이제 그만~   # PEACE!

건설적 👍👍👍👍👍   유연함 👍👍👍👍👍   활용도 👍👍👍👍👍

! **!**

그때그때 상황에 따라 한마디를 해도 센스 있게!

Upgrade Your English Level ➡

미국 영어 문화 & 상식

▶▶ 레슨별 주제와 관련된 미국 영어 문화 또는 상식을 알고,
앞으로 배울 원어민의 표현들이 왜 중요한지 더 잘 이해할 수 있어요!

Lesson
01

Making small talk
소소한 수다 떨기

'Small talk (스몰토크)'는 미국 문화를 이야기할 땐 빼놓을 수 없는 주제지만, 한국에서는 다소 생소한 개념일 듯해요.

한국말로 가장 비슷한 단어를 찾자면, 심심하거나 한가할 때 나누는 (별로 중요하지 않은) 이야기를 뜻하는 '한담'이 있어요. 하지만 스몰토크는 한담처럼 '굳이 하지 않아도 되는 이야기'와는 조금 달라요.

스몰토크는 직장 동료, 이웃, 친구, 가족 심지어 낯선 사람과도 나눌 수 있는데, 미국에서는 **스몰토크 없이 곧장 대화의 용건을 말하면** 예의 없거나 차가운 인상을 줄 수 있거든요.

필수적이지만 공손하고 가볍게 대화를 시작하기 위해서는 주로 **날씨, 뉴스, 근황**에 대해 말할 수 있어요. 무엇보다 가장 부담 없는 날씨와 관련된 표현부터 순서대로 살펴볼게요!

앞으로는 이번 레슨에서 배울 스몰토크 표현들로 대화를 시작하세요! 😊

2

원어민 게이지 ··· 100% 충전 중 ···

▶▶ 미국 영어의 정확한 쓰임새와 뉘앙스를 알려 줘요!
적재적소 센스가 돋보이는 영어 표현 3단계 업그레이드를 따라 해 보아요.

🎧 MP3 001

How about this weather we're having?

날씨가 정말 좋죠? / 덥죠? / 춥죠? / 이상하죠?

'How about ~?'는 '~에 대해 어떻게 생각하세요?'라는 뜻이지만, 여기서는 뒤에 'this weather we've having'을 덧붙여 날씨가 좋든 나쁘든 상관 없이 쓸 수 있는 표현이 되었어요! 만약 햇볕이 강하게 내리쬘 때 이 표현을 쓴다면 '날씨가 무척 덥죠?'라는 의미가 되는 거예요. 아주 유용하죠?

할 말 없을 땐 날씨 이야기가 최고 # 'I know. Beautiful, isn't it? (그러니까요. 너무 좋지 않나요?)'
하고 날씨에 맞게 대답 # 평상시 또는 격식을 차려야 할 때 모두 활용하기 좋음

무난함 👍👍👍👍👍   형식적 👍👍👍👍👍   활용도 👍👍👍👍👍

I heard it's supposed to be cold.

추울 거라고 들었어요.

look like ~ ~할 것 같다   be going to ~ ~할 것이다 (실제 일어날 가능성이 높음)
be supposed to ~ ~일 것이다 (반드시 그럴 거라는 보장은 없음)

---

① 원어민이 생동감 있게 말하는 MP3(🎧)를 듣고 따라 해요.

② 원어민 게이지별 대표 표현을 확인하고 공부해요.

③ 스펜서쌤이 대표 표현을 원어민 입장에서 명쾌하게 설명해 줘요.

④ 해시태그(#)로 재미있는 한마디 정리 또는 부연 설명을 해요.

⑤ 엄지척(👍)을 통해 대표 표현 특징 3가지를 한눈에 보여 줘요.

⑥ 더보기(▼)에 추가 표현을 2문장씩 달아 놓았어요.

⑦ 해당 페이지에 나온 단어들을 정리하고 풀이했어요.

How about this weather we're having?

날씨가 정말 좋죠? / 덥죠? / 춥죠? / 이상하죠?

:

'How about ~?'는 '~에 대해 어떻게 생각하세요?'라는 뜻이지만, 여기서는 뒤에 'this weather we've having'을 덧붙여 날씨가 좋든 나쁘든 상관 없이 쓸 수 있는 표현이 되었어요! 만약 햇볕이 강하게 내리쬘 때 이 표현을 쓴다면 '날씨가 무척 덥죠?'라는 의미가 되는 거예요. 아주 유용하죠?

원어민 게이지 50%

기본적인 표현을 통해 원어민이 이해하는 뉘앙스를 알아 보아요!

Did you catch the news today?

오늘 뉴스 봤어요?

:

뉴스로 대화를 여는 표현은 편한 사람과 이야기할 때 사용하는 것을 추천해요. 어떤 사람들은 뉴스에 대해 이야기하는 것을 좋아하지 않을 수도 있거든요. 그렇지만 상대방과 가까운 사이가 아니어도 말할 수 있는 표현이에요.

원어민 게이지 80%

한층 더 자연스럽고 실용적인 표현을 통해 미국 영어에 가까워져요!

You'll never believe this, (but …).

이거 (들어도) 못 믿을걸요. (뭐냐면…)

:

오랜만에 만난 지인에게 흥미로운 소식으로 근황을 알릴 때 사용하기 좋은 표현이에요. 예를 들어, 결혼식을 올린 뒤로 몇 달 만에 본 동창에게 "You'll never believe this, but I'm pregnant! (믿기지 않겠지만, 나 임신했어)"라고 깜짝 놀랄 소식을 전할 수도 있어요.

원어민 게이지 100%

진짜 미국 사람이 되는 원어민의 표현을 배워 보아요!

대화 마스터

▶▶ 앞시 배운 표현들을 일상생활 원어민 대화(🔊)로 생생하게 듣고 따라해요!

Review & Practice

▶▶ 책에서 배운 원어민의 표현들을 짝 정리했어요! 네모(□)에 체크하면서 복습해 보아요.

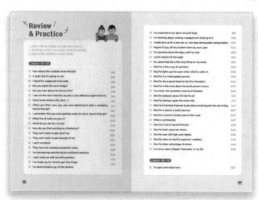

퀴즈 플레이

▶ 대화 속 빈칸(❶))을 쓱쓱 채워 보면서 한바탕 놀아 보아요!

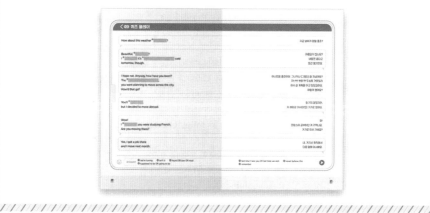

English with Spencer

▶ 스펜서쌤 강의를 유튜브 채널에서도 만나 보세요! 책에서 배운 내용을 영상으로 구독 & 좋아요!

CONTENTS

STUDY PLAN

▶▶ 1일 1레슨! 6주 완성! 학습 날짜를 기록해 보아요.

1주차

Lesson 01 ~ 05				
Lesson 01	Lesson 02	Lesson 03	Lesson 04	Lesson 05
/	/	/	/	/

2주차

Lesson 06 ~ 10				
Lesson 06	Lesson 07	Lesson 08	Lesson 09	Lesson 10
/	/	/	/	/

3주차

Lesson 11 ~ 15				
Lesson 11	Lesson 12	Lesson 13	Lesson 14	Lesson 15
/	/	/	/	/

4주차

Lesson16 ~ 20				
Lesson 16	Lesson 17	Lesson 18	Lesson 19	Lesson 20
/	/	/	/	/

5주차

Lesson 21 ~ 25				
Lesson 21	Lesson 22	Lesson 23	Lesson 24	Lesson 25
/	/	/	/	/

6주차

Lesson 26 ~ 30				
Lesson 26	Lesson 27	Lesson 28	Lesson 29	Lesson 30
/	/	/	/	/

Lesson

01 ~ 05

◀ **Lesson 01** 유튜브 영상 바로 가기

Making small talk
소소한 수다 떨기

'Small talk (스몰토크)'는 미국 문화를 이야기할 땐 빼놓을 수 없는 주제지만, 한국에서는 다소 생소한 개념일 듯해요.

한국말로 가장 비슷한 단어를 찾자면, 심심하거나 한가할 때 나누는 (별로 중요하지 않은) 이야기를 뜻하는 '한담'이 있어요. 하지만 스몰토크는 한담처럼 '굳이 하지 않아도 되는 이야기'와는 조금 달라요.

스몰토크는 직장 동료, 이웃, 친구, 가족 심지어 낯선 사람과도 나눌 수 있는데, 미국에서는 **스몰토크 없이 곧장 대화의 용건을 말하면 예의 없거나 차가운 인상을** 줄 수 있거든요.

필수적이지만 공손하고 가볍게 대화를 시작하기 위해서는 주로 **날씨, 뉴스, 근황**에 대해 말할 수 있어요. 무엇보다 가장 부담 없는 날씨와 관련된 표현부터 순서대로 살펴볼게요!

앞으로는 이번 레슨에서 배울 스몰토크 표현들로 대화를 시작하세요!

How about this weather we're having?

날씨가 정말 좋죠? / 덥죠? / 춥죠? / 이상하죠?

:

'How about ~?'는 '~에 대해 어떻게 생각하세요?'라는 뜻이지만, 여기서는 뒤에 'this weather we're having'을 덧붙여 날씨가 좋든 나쁘든 상관 없이 쓸 수 있는 표현이 되었어요! 만약 햇볕이 강하게 내리쬘 때 이 표현을 쓴다면 '날씨가 무척 덥죠?'라는 의미가 되는 거예요. 아주 유용하죠?

원어민 게이지 50%

할 말 없을 땐 날씨 이야기가 최고 # "I know. Beautiful, isn't it? (그러니까요, 너무 좋지 않나요?)" 하고 날씨에 맞게 대답 # 평상시 또는 격식을 차려야 할 때 모두 활용하기 좋음

무난함 👍👍👍👍👍   형식적 👍👍👍👍👍   활용도 👍👍👍👍👍

더보기 ▼

It looks like it's going to rain.

비가 올 것 같아요.

I heard it's supposed to be cold.

추울 거라고 들었어요.

look like ~ ~할 것 같다   be going to ~ ~할 것이다 (실제 일어날 가능성이 높음)
be supposed to ~ ~일 것이다 (반드시 그럴 거라는 보장은 없음)

Did you catch the news today?

오늘 뉴스 봤어요?

:

뉴스로 대화를 여는 표현은 편한 사람과 이야기할 때 사용하는 것을 추천해요. 어떤 사람들은 뉴스에 대해 이야기하는 것을 좋아하지 않을 수도 있거든요. 그렇지만 상대방과 가까운 사이가 아니어도 말할 수 있는 표현이에요.

원어민 게이지 80%

종교 · 정치 · 돈 관련 이야기 역시 배려가 필요한 주제 # "What news? (어떤 뉴스요?)"라고 물어보며 대화 이어 가기 # 여기서 'catch'는 어떤 것을 짧게 듣거나, 읽거나, 본다는 의미로 씀

어른스러움 👍👍👍👍👍   시사적 👍👍👍👍👍   활용도 👍👍👍👍👍

더보기 ▼

Did you hear about the factory fire?

공장 화재 소식 들었어요?

I saw on the news that the vaccine is also effective against the flu.

제가 뉴스에서 봤는데 백신이 독감에도 효과적이래요.

---

effective against ~ ~에 대해 효과적인

You'll never believe this, (but …).

이거 (들어도) 못 믿을걸요. (뭐냐면…)

:

오랜만에 만난 지인에게 흥미로운 소식으로 근황을 알릴 때 사용하기 좋은 표현이에요. 예를 들어, 결혼식을 올린 뒤로 몇 달 만에 본 동창에게 "You'll never believe this, but I'm pregnant! (믿기지 않겠지만, 나 임신했어!)"라고 깜짝 놀랄 소식을 전할 수도 있어요.

원어민 게이지 100%

\# 자주 만나진 못해도 꾸준히 연락하는 사이 \# 특별한 자리보다는 일상적인 만남에서 사용하기 좋음
\# 구체적인 근황 묻는 표현도 덤으로 챙기기

반가움 👍👍👍👍👍 친밀도 👍👍👍👍👍 활용도 👍👍👍👍👍

더보기 ▼

(The) Last time I saw you, you were planning to start a company, **How'd that go?**

마지막으로 봤을 때, 회사를 차리려고 했잖아요. 어떻게 됐어요?

I remember that you were getting ready to move. **How'd that go?**

이사할 준비를 하고 있던 걸로 기억하는데, 어떻게 됐어요?

pregnant 임신한   start a company 회사를 차리다   How'd(= How did) that go?
(그거) 어떻게 됐어요? (= How's that going?)   get ready to ~ ~할 준비를 하다

How about this weather we're having?

Beautiful, isn't it?
I heard it's supposed to be cold
tomorrow, though.

I hope not. Anyway, how have you been?
The last time I saw you,
you were planning to move across the city.
How'd that go?

You'll never believe this,
but I decided to move abroad.

Wow!
I remember you were studying French.
Are you moving there?

Yes, I got a job there
and I move next month.

💬

though 그렇지만, 하지만 (앞의 문장과 반대되는 내용의 문장 끝에 붙여서 말함)
move across 한쪽에서 다른 한쪽으로 옮기다, 이사하다   abroad 해외로 지금 날씨가 정말 좋죠?

아름답지 않나요?
내일은 춥다고
듣긴 했지만요.

아니었음 좋겠어요. 그나저나 (그동안) 잘 지냈어요?
지난번 봤을 땐 도심을 가로질러
이사 갈 계획을 하고 있었잖아요.
어떻게 됐어요?

믿기지 않겠지만,
저 해외로 이사(이민) 가기로 했어요.

와!
프랑스어 공부하던 거 기억나요.
거기로 이사 가세요?

네, 거기서 취직해서
다음 달에 이사해요.

How about this weather ❶   ?

Beautiful, ❷   ?
I ❸   it's ❹   cold
tomorrow, though.

I hope not. Anyway, how have you been?
The ❺   ,
you were planning to move across the city.
How'd that go?

You'll ❻   ,
but I decided to move abroad.

Wow!
I ❼   you were studying French.
Are you moving there?

Yes, I got a job there
and I move next month.

😊 answer ❶ we're having ❷ isn't it ❸ heard OR saw OR read
❹ supposed to be OR going to be

지금 날씨가 정말 좋죠?

아름답지 않나요?
내일은 춥다고
듣긴 했지만요.

애 I 었을 좋겠어요. 그나저니 (그동안) 잘 지냈어요?
지난번 봤을 땐 도심을 가로질러
이사 갈 계획을 하고 있었잖아요.
어떻게 됐어요?

믿기지 않겠지만,
저 해외로 이사(이민) 가기로 했어요.

와!
프랑스어 공부하던 거 기억나요.
거기로 이사 가세요?

네, 거기서 취직해서
다음 달에 이사해요.

⑤ last time I saw you OR last time we met   **⑥** never believe this
⑦ remember

Talking shop
(시도 때도 없이) 일 이야기하기

'Talk shop (일에 대해 이야기하다)'은 직장에서의 일(업무)에 대해 이야기한다는 뜻이에요. 우리는 같은 의미의 'talk about work (일에 대해 이야기하다)'라는 표현을 이미 잘 알고 있죠?

'Talk shop'은 특히, 직장이 아닌 곳에서 일에 대해 이야기할 때, 종종 파티처럼 **일 이야기를 하고 싶지 않은 장소나 상황에서조차 일에 대해 이야기하는 것을 의미**해요.

e.g. No talking shop at the party, please.
파티에서는 일(업무)에 대해 이야기하지 말아요.

대화 상대는 동료, 비슷한 계열 종사자일 수도 있지만, 여러분의 일에 대해 아무것도 모르는 사람과도 물론 일에 대해 이야기할 수 있어요.

자, 그럼 이번 레슨에서는 **(직장에서) 하는 일이 무엇인지, 회사에 만족하는지, 불만이 있는지** 등을 순서대로 차근차근 원어민의 표현으로 배워 볼게요! ☺

What line of work are you in?

어떤 일을 하세요? (어떤 업무를 담당하고 있어요?)

:

막연히 회사에 다닌다는 것 말고는 상대방에 대해 아는 것이 없을 때 할 수 있는 자연스러운 질문이에요. 평상시 또는 격식을 갖춰야 하는 자리에서도 쓸 수 있어요.
위 질문에는 "I'm in accounting. (저는 회계 일을 하고 있어요.)" 하고 몸담고 있는 산업/분야를 대답할 수 있어요.

원어민 게이지 50%

\# 무슨 일 하는지 말해 줘도 잘 모를 수 있음 \# "I work in finance. (저는 금융 분야에서 일해요.)" 하고 답하기도 가능 \# 같은 질문도 점잖고 교양 있어 보이게 하기

구체적 👍👍👍👍👍　　호기심 👍👍👍👍👍　　활용도 👍👍👍👍👍

더보기 ▼

What do you do for a living?

무슨 일을 하시나요?

How do you find working as a freelancer?

프리랜서로 일하는 건 어때요?

---

line of work 업계 (= field), 직업, 업무　　find ~ ~라고 여기다, 생각하다　　work as ~ ~(으)로 일하다 (위에서 'work in ~ (~에서 일하다)'라고 할 수도 있음)　　freelancer 프리랜서

They can't seem to get rid of me.

그들은 절 쫓아낼 수 없어요. (회사에 딱 붙어 있을 거예요.)

:

현재 일하는 곳이 마음에 들고, 이를 겸손하고 유머러스하게 표현하고 싶을 때 쓰기 좋은 표현이에요. 'get rid of'는 '~을/를 제거하다'라는 의미지만, 여기서는 부정형으로 '제거할 수 없다 → 쫓아낼 수 없다'라는 의미로 활용했어요.

원어민 게이지 80%

충성충성 # 사장님 제 마음이 들리시나요 # "Are you still (over) at Z? (아직 Z 회사 다녀요?)"라는 질문에 "Yes/Yeah, (네.)" 하고 이어서 답하기 좋음

애사심 👍👍👍👍👍   유머 👍👍👍👍👍   활용도 👍👍👍👍👍

더보기 ▼

They can't seem to get enough of me.

그들은 저한테 질리지도 않나 봐요. (웃음)

I can't complain.

그럭저럭 잘 지내요. (좋아요.)

---

can't get enough of ~ 아무리 ~해도 질리지 않다, 정말 좋다 (여기서는 본인이 회사에 필요한 존재임을 강조하고, 이를 유머러스하게 표현)   can't complain 그럭저럭 잘 지내다, 불평할 것 없다

They have me working around the clock.

(회사는) 24시간 내내 일을 시켜요.

:

현재 다니고 있는 직장에 대해 불만족스러움을 토로할 때 쓸 수 있는 표현이에요.
"How are they treating you (over) at ⁄? (Z 회사는 어때요?)"라는 질문을 받았을
때 위 표현을 활용해 불만을 표현해 보세요.

원어민 게이지 100%

job플래닛 기업 리뷰st # "You know how it is. (아시잖아요.)" 하고 냉소적으로 덧붙여 말하기

서러움 👍👍👍👍👍   부정적 👍👍👍👍👍   활용도 👍👍👍👍

더보기 ▼

I'm considering transferring to a different position.

다른 직책으로 옮기는 걸 고려 중이에요.

I can't keep up with the office politics.

사내 정치를 따라갈 수가 없네요.

---

around the clock 24시간 내내   keep up with ~ ~에 뒤지지 않다, 시류(유행)를 따르다
office politics 사내 정치 (직장 내에서의 인간 관계 또는 자신의 입장을 생각하고 행동하는 일)

So, Scott,
I heard you changed your line of work.
What line of work are you in now?

I was in engineering,
but I'm in management now.
Are you still over at Z company?

Yeah.
They can't seem to get rid of me.
How do you find working in management?

So far, I can't complain.
I can't keep up with the office politics, though.
How are they treating you at Z company?

You know how it is.
They have me working around the clock.

treat 대(우)하다, 다루다, 취급하다   have A B (사역동사로) A한테 B를 시키다, A가 B하게 만들다

Scott,
업무가 바뀌었다면서요.
지금은 무슨 일을 하고 있어요?

엔지니어링(을 담당하는) 부서였지만,
지금은 관리 부서에 있어요.
아직 Z사에 계세요?

맞아요. (아직 Z에 있어요.)
그들은 절 쫓아낼 수 없어요. (웃음)
관리 부서에서 일하는 건 어때요?

지금까지는 그럭저럭 괜찮아요.
하지만 사내 정치는 따라갈 수가 없네요.
Z 회사(의 대우)는 어때요?

아시잖아요.
24시간 내내 일을 시켜요.

So, Scott,
I heard you changed your line of work.
What ❶   are you in now?

I was in engineering,
but I'm ❷   management now.
Are you still ❸   Z company?

Yeah.
They can't seem to ❹   me.
How do you ❺   working in management?

So far, I can't ❻   .
I can't ❼   the office politics, though.
How are they treating you at Z company?

You know how it is.
They have me working around the clock.

🙂 **answer** ❶ line of work ❷ in ❸ (over) at ❹ get rid of

Scott,
업무가 바뀌었다면서요.
지금은 무슨 일을 하고 있어요?

엔지니어링(을 담당하는) 부서였지만,
지금은 관리 부서에 있어요.
아직 Z사에 계세요?

맞아요. (아직 Z에 있어요.)
그들은 절 쫓아낼 수 없어요. (웃음)
관리 부서에서 일하는 건 어때요?

지금까지는 그럭저럭 괜찮아요.
하지만 사내 정치는 따라갈 수가 없네요.
Z 회사(의 대우)는 어때요?

아시잖아요.
24시간 내내 일을 시켜요.

❺ find   ❻ complain   ❼ keep up with

Sharing plans
계획/일정 공유하기

'**Sharing plans (계획/일정 공유하기)**'는 한국에서와 마찬가지로 미국에서도 흔한 일이에요. 주로 상대방과의 관계가 얼마나 가까운 것인지에 따라 어떤 계획을 어느 정도로 함께 이야기 나눌 것인지가 달라지죠.

예를 들어, 누군가를 처음 알게 되면 당장의 주말 계획에 대해 묻는 정도로 표면적인 수준(surface level)일 거예요. 하지만 **더 깊은 관계를 형성하기 위해서는** 더 나아가 **서로의 다양한 종류의 계획과 일정에 대해 말할 수 있어야 해요**. 장 · 단기적 목표와 결심, 자발적이거나 불확실한 계획과 일정 등 서로에 대해 더 많이 알 수 있도록 함께 이야기 나눌 수 있다면 정말 좋지 않을까요?

그래서 이번 레슨에서는 각각 **결심이 선 계획, 불확실한 계획이나 일정**, 그리고 너 **무나 기대되는 계획/일정**에 대해 어떻게 말하면 좋은지 살펴볼게요. 잘 익혀서 적극 활용해 보세요! ☺

I've made up my mind to get into shape.

몸매를 가꾸기로 결심했어요.

:

'I've made up my mind to ~(동사).'는 '~(동사)하기로 결심했어요.'라는 뜻이에요. 아래 더보기에 나와 있는 추가 표현들처럼 'I'm determined to ~(동사).' 또는 'I've resolved to ~(동사).'로도 바꾸어 말씀 수 있어요. 무언가를 하기로 마음먹었다면 그 계획을 지인에게 알려 결심을 더욱 굳건히 해 보세요.

원어민 게이지 50%

새해 단골 멘트 # 작심삼일 주의 # 일상적인 상황 또는 격식을 차려야 하는 상황 모두 활용 가능
대화할 때 주로 씀

결연함 👍👍👍👍👍   도전적 👍👍👍👍👍   활용도 👍👍👍👍👍

더보기 ▼

I'm determined to lay off the alcohol.

술을 끊기로 결심했어요.

I've resolved to cut down on junk food.

정크 푸드를 줄이기로 결심했어요.

get in(to) shape 몸매를 가꾸다, 몸을 만들다   lay off ~ ~을/를 그만두다   cut down on ~ ~을/를 줄이다

I'm thinking about making a budget and sticking to it.

예산을 짜서 거기에 맞추려고 생각하고 있어요.

:

'I'm thinking about ~(동사-ing). (~하려고 생각 중이에요.)'은 무엇을 하고 싶은 생각이 있을 때 자주 사용해요. 스스로 생각한 계획이든, 오랫동안 고민한 계획이든 구애 받지 않고 자신의 계획에 대해 말하고자 한다면 언제든 활용하기 좋은 표현이죠.

원어민 게이지 80%

불확실한 계획/일정을 조심스럽게 말하고 싶을 때 # 세부 계획을 어디까지 말할 것인지는 자유

자발적 👍👍👍👍👍   심사숙고 👍👍👍👍👍   활용도 👍👍👍👍👍

더보기 ▼

I might save up for a new car, so I can stop taking public transportation.

새 차를 사기 위해 돈을 모을까 봐요. 그러면 대중교통을 그만 탈 수 있거든요.

Maybe I'll pay off my student loans by next year.

내년까지 학자금 대출금을 갚을지도 몰라요.

make a budget 예산을 편성하다   save up (for ~) (~을/를 위해) 저축하다   pay off ~ ~을/를 갚다

I'm counting down the days until my trip.

여행만 손꼽아 기다리고 있어요.

:

확정적인 계획이나 일정 중 많이 기대하고 있는 일이 있다면 'I'm counting down the days until ~. (~만 손꼽아 기다려요.)'을 활용해 보세요. 손가락으로 남은 날짜를 'countdown (카운트다운)'하며 행복해야는 모습이 떠오르시 않나요? 'I'm excited for ~. (~이/가 기대돼요.)'보다 더 고대하는 마음을 재미있게 표현할 수 있는 방법이에요.

원어민 게이지 100%

D-day만 오매불망 기다려요 # "I'm counting down the days until I leave this place. (여길 떠나는 날만 기다려요.)" 하고 퇴사 직전에 말하기 가능 # 계획/일정도 공유하고 기대감도 표현하기에 제격

설렘 👍👍👍👍👍   확정적 👍👍👍👍👍   활용도 👍👍👍👍👍

더보기 ▼

I can't wait to hit the road!

빨리 출발하고 싶어요! / 빨리 여행을 떠나고 싶어요!

My upcoming trip is the only thing on my mind.

오직 곧 있을 여행 생각뿐이에요.

hit the road 출발하다, 여행을 떠나다   upcoming 다가오는, 곧 있을

Wow! You're looking
like the picture of health.

Really? That's good to hear.
Actually, I've made up my mind
to get back into shape.
I picked up exercising again last month.

I applaud your resolve!
Maybe I'll start trying to get healthy, too.

There's no better time to start than now.
I'm determined to have a six-pack
before my summer vacation.

That's a great idea.
I just got back from vacation,
but I can't wait for my next vacation.

I know what you mean.
I'm counting down the days
until my trip.

...

be the picture of health 굉장히 건강하다   pick up 다시 시작하다   applaud (박수)갈채를 보내다

와!
굉장히 건강해 보여요.

정말요? 듣던 중 반가운 말이네요.
사실, 다시 건강을 되찾기로
결심했거든요.
지난달에 다시 운동을 시작했어요.

응원할게요!
저도 건강해지기 위해 노력할까 봐요.

지금보다 시작하기 좋은 때는 없죠.
저는 여름 휴가 전에
배에 왕(王) 자를 만들 거예요.

그거 좋은 생각이네요.
저는 이제 막 휴가에서 돌아왔지만,
다음 휴가가 (벌써) 너무 기다려져요.

무슨 말인지 알아요.
저는 여행 가는 날만
손꼽아 기다려요.

...

resolve 결심, 의지 ('I applaud your resolve!'는 직역하면 '당신의 결심에 박수를 보내요!'
이지만 자연스럽게 문맥상 '(결심을) 응원할게요!'라고 해석)

Wow! You're looking
like the picture of health.

Really? That's good to hear.
Actually, I've ❶ to get back into shape.
I picked up exercising again last month.

I applaud your resolve!
❷ I'll start trying to get healthy, too.

There's no better time to start than now.
I'm ❸ to have a six- pack
before my summer vacation.

That's a great idea.
I just got back from vacation,
but I ❹ my next vacation.

I know what you mean.
I'm ❺ until my trip.

 answer ❶ made up my mind ❷ Maybe ❸ determined

와!
굉장히 건강해 보여요.

정말요? 듣던 중 반가운 말이네요.
사실, 다시 건강을 되찾기로
결심했거든요.
지난달에 다시 운동을 시작했어요.

응원할게요!
저도 건강해지기 위해 노력할까 봐요.

지금보다 시작하기 좋은 때는 없죠.
저는 여름 휴가 전에
배에 왕(王) 자를 만들 거예요.

그거 좋은 생각이네요.
저는 이제 막 휴가에서 돌아왔지만,
다음 휴가가 (벌써) 너무 기다려져요.

무슨 말인지 알아요.
저는 여행 가는 날만
손꼽아 기다려요.

❹ can't wait for ❺ counting down the days

Praising someone you like
좋아하는 사람 칭찬하기

우리가 **'praise someone you like (좋아하는 누군가를 칭찬하다)'** 하는 데는 다양한 이유가 있는데요!

이번 레슨에서는 'praise somebody (누군가를 칭찬하다)', 즉 직접 당사자에게 칭찬 하는 표현을 배우기 전에 먼저 **다른 사람에게 좋아하는 누군가를 칭찬하는 경우**를 다뤄 볼 거예요.

일자리, 소개팅 등 어떤 자리에 맞는 사람을 추천할 때 그 사람을 칭찬하거나 또는 그 사람을 좋아하지 않는 다른 사람들에게 그 사람을 변호하기 위해 칭찬할 수도 있겠지요.

칭찬할 만한 부분들을 콕 짚어 영어로는 뭐라고 설명해야 될지 알아 둔다면, 빈말이 아니라 더욱 설득력 있는 칭찬이 될 거예요!

자, 그럼 누군가의 **긍정적인 성격, 겸손한 태도, 열심히 하는 자세** 등을 칭찬하는 표현들을 순서대로 차근차근 배워 볼까요? 😊

She/He is like a ray of sunshine.

그 사람은 한 줄기 햇살 같아요. (성격이 밝아요.)

:

한국에서 긍정적인 에너지가 넘치고 밝은 성격의 소유자를 보고 가끔 '비타민'이라고 하죠? 미국에서는 그런 사람을 보고 '햇살 같다'고 말해요.
격식을 차리는 상황에서는 대신 "She/He is very positive. (그 사람은 매우 긍정적이에요.)" 하고 말할 수 있어요.

원어민 게이지 50%

평상시에 활용하기 좋음 # 'a ray of sunshine'은 '행복을 주는 사람(소위 '해피 바이러스')'이란 의미로 활용 # 격식을 차릴 때 쓰는 표현에서는 'positive' 대신 'sociable/friendly'를 써도 O.K!

캐주얼 👍👍👍👍👍   표현력 👍👍👍👍👍   활용도 👍👍👍👍👍

더보기 ▼

She/He lights up the room when she/he walks in.

그 사람이 들어오면 (실내) 분위기가 환해져요. (그 사람은 성격이 밝아요.)

She/He is a (real) people person.

그 사람은 (정말) 사람들과 잘 어울리는 사람이에요.

light up 환해지다, 환하게 만들다   people person 사람들과 어울리기 좋아하는 또는 잘 어울리는 사람 ('person' 앞에 호의적인 대상을 넣어 'cat person (고양이를 좋아하는 사람), dog person (개를 좋아하는 사람)' 등으로 활용)

She/He has a good head on her/his shoulders.

그 사람은 분별력이 있어요.

:

누군가의 겸손하고 분별력 있는 태도를 칭찬하고 싶을 때 사용하기 좋은 표현이에요. 이런 사람은 분명 유명해져도 다른 사람들을 존중하는 태도를 잃지 않을 거고, 어떤 소식에도 합리적이고 양식 있게 행동할 거예요!

원어민 게이지 80%

어깨 위에 달린 머리가 'good'인 게 포인트 # 비슷하지만 다른 표현 "She/He has an old head on young shoulders. (그 사람은 조숙해요.)"

신뢰 👍👍👍👍👍   비유적 👍👍👍👍👍   활용도 👍👍👍👍👍

더보기 ▼

She/He is the most down-to-earth person I know.

그 사람은 제가 아는 가장 현실적인 사람이에요.

I've never met someone more level-headed.

이보다 더 신중한 사람은 만나 본 적이 없어요.

---

down-to-earth 현실적인, 세상 물정에 밝은   level-headed 신중한, 침착한

She/He (always) gives (it) her/his all.

그 사람은 (항상) 자신의 전부를 줘요. / 전력을 다해요.

:

누군가 매우 열심히 일하거나, 크게 노력할 때 이 표현을 활용해 칭찬할 수 있어요. 무언가를 완벽하게 했다는 의미는 아니지만, 그 사람이 할 수 있는 모든 것을 했다는 점에서 정말 멋진 자세를 가졌다는 뜻인 거죠!

원어민 게이지 100%

일상적인 상황에서 더 자주 씀 # 너무 자신을 챙기지 못하는 것 같을 땐 "She/He gives too much of herself/himself. (그 사람은 너무 퍼 줘요.)"

희생 👍👍👍👍👍   성의 👍👍👍👍👍   활용도 👍👍👍👍👍

더보기 ▼

She/He (always) goes the extra mile.

그 사람은 (항상) 한층 더 노력해요.

She/He is the kind of person to go (above and) beyond the call of duty.

그 사람은 주어진 일 이상을 하려는 사람 같아요.

---

go the extra mile 한층 더 노력하다   (above and) beyond the call of duty 직무 범위를 넘어서 (대화상에서는 자연스럽게 '주어진 것 이상으로'라는 뜻으로 해석)

Have you met the new temp worker?
She seems to have a good head
on her shoulders.

No, I haven't had the pleasure
to meet her yet, but I heard
she's a real people person.

Yes. She's very positive
and sociable. And so far,
she is willing to go the extra mile.

That's great to hear.
We need more hard workers
around here.

There's nothing more inspiring
than seeing somebody give it their all.

With such a good reputation already,
I'm sure she'll be a great fit here.

...

temp 임시 (직원)　　be willing to ~ ~하기를 마다하지 않다, 기꺼이 ~하다
inspiring 고무적인, 자극이 되는, 격려하는　　reputation 평판

새로 온 임시직 직원 만나 봤어요?
그녀는 분별력이 있는 것 같아요.

아니요,
아직 만나 보지 못했는데,
정말 사교적인 분이라면서요.

네. 매우 긍정적이고, 사교적이에요.
그리고 지금까지(로 보자면),
한층 더 노력하길 마다하지 않는 분이에요.

잘됐어요.
우리는 회사에 열심히 하는
사람이 더 많이 필요하잖아요.

누군가가 최선을 다하는 것만큼
더 자극이 되는 건 없죠.

이미 평판이 좋으니,
분명 (그분은) 이곳에 잘 맞을 거예요.

be a great fit 적격이다, 잘 어울리다, 잘 맞다　　I'm sure ~. ~일 거라고 확신해요. / 분
명해요. (위에서 '분명 ~일 거예요.'라고 자연스럽게 해석)

Have you met the new temp worker?
She seems to have a ❶ ▨▨▨▨▨
on her ❷ ▨▨▨▨▨ .

No, I haven't had the pleasure
to meet her yet, but I heard
she's a real ❸ ▨▨▨▨▨ .

Yes. She's very positive
and sociable. And so far,
she is willing to ❹ ▨▨▨▨▨ .

That's great to hear.
We need more hard workers
around here.

There's nothing more inspiring
than seeing somebody ❺ ▨▨▨▨▨ .

With such a good reputation already,
I'm sure she'll be a great fit here.

😊 **answer** ❶ good head ❷ shoulders ❸ people person

44

새로 온 임시직 직원 만나 봤어요?
그녀는 분별력이 있는 것 같아요.

아니요,
아직 만나 보지 못했는데,
정말 사교적인 분이라면서요.

네. 매우 긍정적이고, 사교적이에요.
그리고 지금까지(로 보자면),
한층 더 노력하길 마다하지 않는 분이에요.

잘됐어요.
우리는 회사에 열심히 하는
사람이 더 많이 필요하잖아요.

누군가가 최선을 다하는 것만큼
더 자극이 되는 건 없죠.

이미 평판이 좋으니,
분명 (그분이) 이곳에 잘 맞을 거예요.

❹ go the extra mile ❺ give it their all

Complaining about someone
누군가에 대해 불평하기

'Complaining about someone (누군가에 대해 불평하기)'은 미국 문화에서 유대감의 한 형태가 되기도 해요. 예를 들어, 직장 동료와 상사에 대해 불평하면서 스트레스도 해소하고 동료와 유대감을 쌓기도 하잖아요.

그렇지만 어떤 사람은 매사에 항상 불만을 표출하는 게 버릇인 것처럼 보이기도 해요. 선을 넘는 언행을 하거나 모든 것에 대해 너무 부정적인 태도로 일관하는 것은 함께 이야기하는 사람들을 불편하게 만들고, 눈살을 찌푸리게 할 수 있어요. 누군가에 대해 불만을 이야기할 때는 항상 조심히 그리고 맞는 상황에서 해야 해요.

이에 유의하며 이번 레슨에서는 지난 레슨에서 배운 표현들을 반대로 말해 볼 거예요. 누군가의 **부정적인 성격, 겸손하지 못한 태도, 불성실한 자세**에 대해 불만을 나타내는 표현들을 순서대로 만나요! ☺

She/He is (such) a (real) downer.

그 사람은 (정말) 분위기를 깨요.

:

끊임없이 불평·불만을 늘어놓는 사람을 가리켜 '(Debbie) Downer (불평쟁이)'라고 해요. 주변 사람들까지 우울하게 만들거나 분위기를 순식간에 망쳐 버리기도 하죠. 우리는 그러지 말기로 해요!

얘! 비즈니스 영어에서는 비격식적인 표현인 'a downer'보다는 'a stick-in-the-mud (고루한 사람)'를 더 자주 쓰니 아래 더보기에 나와 있는 추가 표현을 참고하세요.

원어민 게이지 50%

\# 반면교사 \# "It rained on my birthday. It was a downer. (내 생일에 비가 왔지 뭐예요. 정말 분위기 망쳤어요.)" 하고 사람이 아닌 경험에 대해서도 쓸 수 있음

비격식 👍👍👍👍👍　직설적 👍👍👍👍👍　활용도 👍👍👍👍👍

더보기 ▼

She/He is (such) a (real) stick-in-the-mud.

그 사람은 (정말) 새로운 시도를 하지 않아요. / 꼰대예요.

What a wet blanket.

흥을 깨는 사람이네요. (분위기를 망치는 사람이네요.)

wet blanket 흥을 깨는 사람, 분위기를 망치는 사람

She/He is full of herself/ himself.

그 사람은 자기 생각만 해요. / 자만심에 차 있어요.

:

'be full of oneself (자기 생각만 하다, 자만심에 차 있다)'는 자신감이 넘치다 못해 자신 밖에 모르는 안하무인을 가리켜 쓸 수 있어요. 다른 사람을 무시하거나 과소평가한다는 의미를 내포하여 항상 부정적인 의미로만 사용해요.

격식을 차리는 상황에서는 'conceited (자만하는), egotistical (이기적인)'과 같은 형용사를 쓸 수 있어요.

원어민 게이지 80%

\# 더불어 사는 세상 만들어요 \# "She/He is conceited/egotistical. (그 사람은 교만해요/이기적이에요.)" 하고 격식 차려 말하기도 가능

캐주얼 👍👍👍👍👍   부정적 👍👍👍👍👍   활용도 👍👍👍👍👍

더보기 ▼

She/He looks down on others.

그 사람은 남을 업신여겨요.

She/He acts (all) high and mighty.

그 사람은 잘난 척해요.

look down on ~ ~을/를 경시하다, 업신여기다   act (all) high and mighty 거만하게 굴다, 잘난 척하다

She/He rides on her/his superiors' coattails.

그 사람은 윗사람들 덕에 성공한 거예요.

:

어떤 사람은 열심히 일하지 않으면서 성공하기 위해 인기가 많거나, 성공한 다른 사람의 덕을 보려고 하죠. 그런 모습을 꼬집어 말할 수 있는 표현이 바로 'ride on somebody's coattails (남 덕을 보다, 다른 이의 성공을 이용해 이득을 취하다)'입니다.

원어민 게이지 100%

평상시 또는 격식을 차려야 하는 자리에서 모두 사용 # 동사 'ride (타다)' 대신 'climb (오르다), hang (매달리다)'으로 바꿔 말하기 가능 # 모두 누군가에게 '편승'한다는 뉘앙스의 동사

불신 👍👍👍👍👍 저격 👍👍👍👍👍 활용도 👍👍👍👍👍

더보기 ▼

She/He takes advantage of others.

그 사람은 다른 사람들을 이용해요.

I've never seen a bigger freeloader in my life.

이렇게 남에게 얻어먹기만 하는 사람은 처음 봐요.

take advantage of ~ ~을/를 이용하다, 편승하다   freeloader 남에게 얻어먹기만 하는 사람, 기식하는 사람

Ugh... Why are you watching her interview?
She is so full of herself.

Don't be such a downer.
She might act high and mighty sometimes,
but she's a great actress.

A great actress? I beg to differ.
She just rides on others' coattails.

Well, I like her, but to each his own.

I just hate seeing someone become rich
by looking down on others.
She has taken advantage of others
time and time again.

You're a real wet blanket.

•••

I beg to differ. (유감이지만) 제 생각은 좀 달라요.

으… 왜 그녀의 인터뷰를 보고 있어요?
그녀는 너무 자만심에 차 있어요.

그렇게 분위기 망치지 말아요.
그녀가 가끔 거만하게 연기할 순 있어도,
훌륭한 배우인 걸요.

훌륭한 배우요? 제 생각은 좀 달라요.
그녀는 단지 남들 덕에 성공한 거예요.

그래요, 전 그녀가 좋지만, 각자 생각이 다르니까요.

전 그저 남을 업신여기면서
부자가 되는 사람을 보는 게 싫은 거예요.
그녀는 몇 번이고 계속해서
다른 사람들을 이용해 왔다고요.

당신은 (정말) 분위기를 깨는 사람이네요.

Ugh... Why are you watching her interview?
She is so ❶   herself.

Don't be such ❷   .
She might act ❸   sometimes,
but she's a great actress.

A great actress? I beg to differ.
She just rides on ❹   .

Well, I like her, but to each his own.

I just hate seeing someone become rich
by ❺   others.
She has ❻   others
time and time again.

You're a real ❼   .

😊 **answer**   ❶ full of   ❷ a downer OR a wet blanket OR a stick-in-the-mud
❸ high and mighty   ❹ others' coattails

으… 왜 그녀의 인터뷰를 보고 있어요?
그녀는 너무 자만심에 차 있어요.

그렇게 분위기 망치지 말아요.
그녀가 가끔 거만하게 연기할 순 있어도,
훌륭한 배우인 걸요.

훌륭한 배우요? 제 생각은 좀 달라요.
그녀는 단지 남들 덕에 성공한 거예요.

그래요, 전 그녀가 좋지만, 각자 생각이 다르니까요.

전 그저 남을 업신여기면서
부자가 되는 사람을 보는 게 싫은 거예요.
그녀는 몇 번이고 계속해서
다른 사람들을 이용해 왔다고요.

당신은 (정말) 분위기를 깨는 사람이네요.

⑤ looking down on　　**⑥** taken advantage of
⑦ downer OR wet blanket OR stick-in-the-mud

Lesson

06~10

◀ **Lesson 06** 유튜브 영상 바로 가기

Talking about bad news
나쁜 소식 전하기

'**Bad news (안 좋은 소식)**'에 대해 이야기하는 전략 중에 미국 영화나 TV쇼에서 흔히 볼 수 있는 방법이 하나 있어요. 상대방에게 나쁜 소식뿐 아니라 좋은 소식 한 가지를 같이 주는 것인데요. 아마 다음 질문을 여러분도 들어 본 적 있을 거예요.

e.g. Do you want the good news or the bad news first?
좋은 소식을 먼저 알고 싶어요, 아니면 나쁜 소식을 먼저 알고 싶나요?

상대방을 슬프거나 화나게 할 수 있는 나쁜 소식을 꺼내기 전에 먼저 쓸 수 있는 표현이니 참고하세요. 핵심은, 나쁜 소식을 '**어떻게 전달할 것인가?**' 하는 것이에요. 우리는 누구나 좋은 소식만을 전하며 살고 싶지만, 그렇지 못한 상황에 처했을 때 오해 없이, 그리고 감정이 불필요하게 상하는 일 없이 안 좋은 소식을 잘 전달하는 요령이 필요해요.

그래서 이번 레슨에서는 **개인적으로 나쁜 소식을 전할 때, 상대방과 관련된 안 좋은 소식을 전할 때**, 그리고 **사회적으로 논란이 된 이슈에 대해 이야기할 때** 쓸 수 있는 표현들로는 어떤 것들이 있는지 순서대로 살펴볼게요! ☺

I've got some bad news.

안 좋은 소식이 있어요.

:

주로 다른 사람에게는 영향을 미치지 않을 수도 있는, 개인적인 나쁜 소식에 대해 말할 때 자주 쓰는 표현이에요. 하지만 상대방에게 안 좋은 소식일 경우에도 마음의 준비를 할 수 있도록 해 주는 표현으로 활용할 수 있어요.

그밖에 개인적인 나쁜 소식에 대한 긍정적인 태도를 보여 줄 수 있는 추가 표현들을 아래 더보기에 달아 두었어요.

원어민 게이지 50%

평상시 # 격식을 차려야 하는 상황에서도 사용 # "I have some bad news. (안 좋은 소식이 있습니다.)"가 더 격식을 차린 느낌을 줌

예고 👍👍👍👍👍   안타까움 👍👍👍👍👍   활용도 👍👍👍👍👍

더보기 ▼

I'm not going to let it get to me.

너무 신경 쓰지 않으려고요.

I'm trying to look on the bright side.

긍정적으로 생각하려고 노력 중이에요.

get to someone 누군가를 힘들게 하다, 괴롭히다 (= annoy, bother)   look on the bright side 긍정적으로 생각하다 (직역하면 '밝은 면을 보다'인데 '긍정적 · 낙천적으로 보다(생각하다)'라고 자연스럽게 해석)

It gives me no pleasure to tell you this.

당신에게 이 말을 하는 게 조금도 즐겁지 않습니다.

:

상대방에게 영향을 미칠 수도 있는 나쁜 소식을 전할 때 사용하는 표현이에요. 주로 격식을 차리는 상황에서 사용해요.

참고로, "It gives me no pleasure."까지만 말하면 '(하나도) 재미없어.'라는 뜻으로 쓰기도 해요.

원어민 게이지 80%

\# 의사가 안 좋은 (검사 등의) 결과를 환자에게 말할 때 \# 매니저가 직원에게 해고 통보 등 안 좋은 소식을 전할 때

배려 👍👍👍👍👍   정중함 👍👍👍👍👍   활용도 👍👍👍👍👍

더보기 ▼

Maybe you should sit down for this.

이걸 듣기 전에 (먼저) 앉는 게 좋겠어요.

I hate to be the bearer of bad news.

나쁜 소식을 전하는 사람이 되고 싶지는 않은데요.

Maybe you should ~. ~하는 게 좋을지도 모르겠어요. → ~하는 게 좋을 것 같아요.
bearer (메시지 등의) 전달자

We should take it with a grain of salt.

그 뉴스는 (사실과 다를 수도 있다는 걸) 감안하고 들어야 해요.

:

'take something with a grain of salt'는 음식에 소금 한 꼬집(a grain of salt)을 치면 먹기가 더 좋다는 데서 비롯된 관용구예요. 받아들일 건 받아들이고, 뺄 건 빼 가면서 듣는 자세를 강조하는 말로, '~을/를 가감해서 듣다'라는 뜻으로 써요.
(나쁜) 소식 자체뿐 아니라 바람직하지 못한 전달 매체에 대한 회의적인 태도를 보여 줄 수도 있는 좋은 표현이에요.

원어민 게이지 100%

가짜 뉴스가 판을 치는 세상   # 너무 맹신하지 말아요   # 너무 심각하게 받아들이지 말아요

관용적 👍👍👍👍👍   일상적 👍👍👍👍👍   활용도 👍👍👍👍👍

더보기 ▼

That story gives a biased view.

그 기사는 편향된 시각을 (심어) 줘요.

That media outlet is known for unbalanced news coverage.

그 매체는 불공정 보도로 유명해요.

biased 편향된, 선입견이 있는   media outlet (신문, 방송 따위의) 매스컴   be known for ~ ~(으)로 잘 알려져 있다, 유명하다   unbalanced 평형(균형)을 잃은, 불공평(불공정)한   coverage (신문, 텔레비전, 라디오의) 보도, 방송

I've got some bad news.
But there's good news, too.
Do you want the good news
or the bad news first?

I'd rather hear the bad news first.

Alright.
Maybe you should sit down for this.
It gives me no pleasure to tell you this.
Due to the economic situation,
our department will close next month.

Really? This is out of left field.

I know you must be really surprised.
However, you should look on the bright side.
You'll be offered another position
in a different department.

Well, that's good to hear.

•••

I'd rather ~. ~하는 게 더 좋아요(낫겠어요).   due to ~ ~ 때문에, ~에 기인하는

안 좋은 소식이 있어요.
하지만 좋은 소식도 있어요.
좋은 소식을 먼저 듣길 원해요,
아니면 나쁜 소식을 먼저 듣길 원하나요?

나쁜 소식부터 듣는 게 나을 것 같아요.

알겠어요.
(놀랄 수 있으니) 먼저 좀 앉는 게 좋겠어요.
저도 이 말을 전하는 게 조금도 즐겁지 않네요.
우리 부서가 경제적 사정 때문에
다음 달에 (사업을) 접게 되었어요.

정말인가요? 이건 예상 밖인데요.

정말 놀랐을 거 알아요.
하지만 긍정적으로 생각하는 게 좋아요.
다른 부서의 다른 직책을
제안 받게 될 거니까요.

(그건) 다행이네요.

should ~ ~하는 게 좋다 (개인적 권유 · 충고 · 조언)   out of(from) left field 생각지도
않은 곳에서, 뜻밖에

I **①** _____ some bad news.
But there's good news, too.
Do you want the good news
or the bad news first?

I'd rather hear the bad news first.

Alright.
Maybe you should **②** _____ this.
It gives me **③** _____ to tell you this.
Due to the economic situation,
our department will close next month.

Really? This is out of left field.

I know you must be really surprised.
However, you should **④** _____.
You'll be offered another position
in a different department.

Well, that's good to hear.

😃　**answer**　**①** have got OR have　　**②** sit down for　　**③** no pleasure

안 좋은 소식이 있어요.
하지만 좋은 소식도 있어요.
좋은 소식을 먼저 듣길 원해요,
아니면 나쁜 소식을 먼저 듣길 원하나요?

나쁜 소식부터 듣는 게 나을 것 같아요.

알겠어요.
(놀랄 수 있으니) 먼저 좀 앉는 게 좋겠어요.
저도 이 말을 전하는 게 조금도 즐겁지 않네요.
우리 부서가 경제적 사정 때문에
다음 달에 (사업을) 접게 되었어요.

정말인가요? 이건 예상 밖인데요.

정말 놀랐을 거 알아요.
하지만 긍정적으로 생각하는 게 좋아요.
다른 부서의 다른 직책을
제안 받게 될 거니까요.

(그건) 다행이네요.

❹ look on the bright side

Talking about good news
좋은 소식 전하기

'**Talking about good news (좋은 소식에 대해 이야기하는 것)**'은 매우 기쁜 일이죠! 미국에서는 나쁜 소식을 전할 때와 마찬가지로, 상대방이 깜짝 놀랄 수 있기 때문에 미리 좋은 소식이 있다는 말로 언질을 줍니다. 일종의 배려인데요. 듣는 사람이 아무리 좋은 일이라 해도 너무 놀라면 안 되잖아요. 마음의 준비가 필요할 수 있어요.

격식을 차려야 하는 상황이라면, 지난 레슨에서 배운 표현 중 좋은 소식일 때에도 쓸 수 있는 유용한 표현이 있어요.

e.g. Maybe you should sit down for this.
이걸 듣기 전에 먼저 앉는 게 좋겠어요.

그리고 평상시에는 다음과 같이 간단히 말할 수 있죠.

e.g. Are you ready for this?
들을 준비됐어요?

이번 레슨에서는 **개인적으로 좋은 소식, 상대방과 관련된 좋은 소식, 그리고 믿음이 가는 사회 뉴스에 대해 이야기할 때** 영어로 어떻게 말하면 좋을지 순서대로 살펴볼게요! ☺

I've got some good news.

(정말) 좋은 소식이 있어요.

:

개인적으로 기쁜 소식을 상대방에게 알릴 때 쓸 수 있는 표현이에요. 상대방에게 역시 좋은 소식일 때도 사용할 수 있어요.

지난 레슨에서 배운 "I've got some bad news. (나쁜 소식이 있어요.)"와는 달리, 얼마나 좋은 소식이냐에 따라 'good (좋은)' 대신 'great (굉장한)', fantastic (엄청난), wonderful (아주 신나는)' 등으로 바꿔 말할 수도 있어요!

원어민 게이지 50%

매일매일 이 표현을 쓸 수 있다면 # 성공적 # 개인적인 좋은 소식에 대한 긍정적인 태도를 보여 주는 표현들 # 더보기에서 추가로 익히기

기대감 👍👍👍👍👍   행복 👍👍👍👍👍   활용도 👍👍👍👍👍

더보기 ▼

I'm trying not to get carried away.

너무 흥분하지 않으려고 노력 중이에요. (오버하지 않으려고 해요.)

I had to pinch myself to make sure I wasn't dreaming.

꿈이 아닌 걸 확인하려고 제 자신을 꼬집어 봐야 했어요.

(행여 꿈이 아닐까 싶어 저를 꼬집어 봐야 했어요.)

get carried away 몹시 흥분하다, 자제력을 잃다   pinch (손가락으로) 꼬집다   make sure 확실하게 하다, 확인하다

It brings me great pleasure to tell you this.

이 말씀을 드리게 되어 매우 기쁩니다.

:

상대방과 관련된 좋은 소식을 전할 때 쓰기 좋은 표현이에요. 지난 레슨 때 배운 "It gives me no pleasure to tell you this. (이 사실을 당신에게 말하는 게 하나도 즐겁지 않습니다.)"와 마찬가지로 주로 격식을 차리는 상황에서 사용해요.

원어민 게이지 80%

허물 없이 가까운 사이에는 "Surprise~! [놀랐지!?]" 하고 아주 기쁜 깜짝 소식을 알려 보세요

정중함 👍👍👍👍👍   뿌듯함 👍👍👍👍👍   활용도 👍👍👍👍👍

더보기 ▼

I'm honored to be the one to tell you this.

이 사실을 알려 드리게 되어 영광이에요.

I'm so pleased to inform you that it's a boy!

알려 드리게 되어 굉장히 기쁘군요. 아들입니다!

honored 영광으로(명예로) 생각하여, 명예로운   pleased (~하여) 기쁜, 반가운   inform 알리다, 통지하다, 영향을 미치다

Many trusted sources are publishing in-depth articles about it.

신뢰할 수 있는 많은 소식통에서 그것에 대해 상세한(심도 있는) 기사를 게재하고 있어요.

:

이 표현은 뉴스를 신빙성 있게 전달하고자 할 때 유용하게 쓸 수 있어요. 전하려는 이야기 (it)가 정말 100% 믿을 수 있다고 확신에 차 있는 게 느껴져요.
(좋은) 소식뿐 아니라 바람직한 전달 매체에 대한 만족도 함께 나타낼 수 있어요.

원어민 게이지 100%

일상적 · 공식적 대화에서 모두 사용   # 분별력 있어 보이게 하는 배운 사람's 표현   # 아래 비교적 간단한 더보기의 추가 표현들로도 충분히 활용 가능

신뢰도 👍👍👍👍👍   사리분별 👍👍👍👍👍   활용도 👍👍👍👍👍

더보기 ▼

This (news) article is objective.

이 기사는 객관적이에요.

"Evening News" has well-balanced news coverage.

"이브닝 뉴스"는 균형 잡힌 보도를 해요.

---

in-depth 철저하고 상세한, 면밀한   objective 객관적   well-balanced 균형 잡힌

I've got some fantastic news!
I had to pinch myself to make sure
I wasn't dreaming.

Wow! I'd love to hear it.

Well, apparently, we're down
to zero new confirmed cases.

Really? Where did you hear that?

Many trusted sources have published
articles about it this morning.

I will have to check it out.
I'm partial to "News at 5"
because they're unbiased,
so hopefully they reported on it.

•••

apparently 듣자(보아) 하니   confirmed cases 확진자(들)   source (연구 · 집필을
위한) 자료, (뉴스의) 정보원, 소식통   partial (~을/를) 매우 좋아하는, 편파적인

(정말) 좋은 소식이 있어요.
행여 꿈은 아닌가 싶어
저를 꼬집어 봐야 했다니까요.

와! (얼른) 듣고 싶어요.

그게, 보아 하니, 새로운 확진자가
0명으로 줄어든 것 같더라고요.

정말요? 어디서 들었어요?

오늘 아침에 신뢰할 수 있는 많은 소식통에서
그것에 대해 심도 있는 기사를 게재했더라고요.

확인해 봐야겠어요.
저는 "5시 뉴스"가 편파적이지 않아서
(그 뉴스를) 정말 좋아하는데,
거기서 그것에 대해 보도했으면 좋겠군요.

unbiased 선입견(편견) 없는, 편파적이지 않은 (= impartial)

I've got some ❶ ▓▓▓▓▓!
I had to ❷ ▓▓▓▓▓ to make sure
I ❸ ▓▓▓▓▓.

Wow! I'd love to hear it.

Well, apparently, we're down
to zero new confirmed cases.

Really? Where did you hear that?

Many ❹ ▓▓▓▓▓ have published
articles about it this morning.

I will have to check it out.
I'm partial to "News at 5"
because they're ❺ ▓▓▓▓▓,
so hopefully they reported on it.

😊 **answer** ❶ fantastic (OR great OR good OR amazing OR etc.) news
❷ pinch myself   ❸ wasn't dreaming

(정말) 좋은 소식이 있어요.
행여 꿈은 아닌가 싶어
저를 꼬집어 봐야 했다니까요.

와! (얼른) 듣고 싶어요.

그게, 보아 하니, 새로운 확진자가
0명으로 줄어든 것 같더라고요.

정말요? 어디서 들었어요?

오늘 아침에 신뢰할 수 있는 많은 소식통에서
그것에 대해 심도 있는 기사를 게재했더라고요.

확인해 봐야겠어요.
저는 "5시 뉴스"가 편파적이지 않아서
(그 뉴스를) 정말 좋아하는데,
거기서 그것에 대해 보도했으면 좋겠군요.

❹ trusted sources　❺ unbiased OR impartial

Giving encouragement
격려하기

'**Giving encouragement (격려하기)**'는 다양한 상황에서 필요하죠?

잘하고 있다고 칭찬하는 의미로, 조금 더 힘을 내 노력하라는 의미로, 시작을 주저하기에 한번 해 보라는 의미로, 또 영감을 주기 위한 목적으로 우리는 서로를 격려해요. 그래서 그만큼 다양한 격려의 표현이 있지요. 가장 기본적인 격려의 표현들은 다음과 같아요.

e.g. Cheer up.

[상대방이 기분이 안 좋거나 힘들어할 때] 힘내세요.

e.g. Good luck.

[상대방이 어떤 일을 하기 전에] 행운을 빌어요.

e.g. Good work.

[상대방이 일을 마무리했을 때] 고생했어요.

자, 그럼 이번 레슨에서는 **계속 이대로만 하라고 응원하는 표현**, **한번 해 보라고 용기를 북돋우는 표현**, 그리고 **영감을 주는 표현**을 원어민의 표현으로 배워 볼게요! ☺

Keep up the good work.

계속 수고해 주세요. / 계속 (그렇게) 잘해 주세요.

:

이 표현은 누군가 너무 잘해 주고 있고, 앞으로도 계속 그렇게 하도록 격려하고 힘을 보태 주고 싶을 때 써요. 특히, 직장이나 학교에서 많이 들을 수 있지요.
그밖에 상대방이 조금 힘들어 보일 때, 또는 상대방의 열심히 하는 태도를 칭찬하고 싶을 때 쓸 수 있는 추가 표현들을 아래 더보기에서 확인해 보세요!

원어민 게이지 50%

격식을 차릴 때 또는 평상시에 모두 사용할 수 있음   # 간단히 줄여서 "Keep it up."

응원 👍👍👍👍👍   칭찬 👍👍👍👍👍   활용도 👍👍👍👍👍

더보기 ▼

Hang in there.

[상대방이 조금 힘들어 보일 때] (조금만 더) 힘내세요.

That's the spirit!

[상대방의 열심히 하는 태도를 칭찬할 때] 그렇지! / (바로) 그거예요!

keep up 유지되다, 계속하다   hang in there (역경에도) 굴하지 않다, 꿋꿋이 버티다, 견뎌내다   spirit 정신, 영혼, 기분, 마음, 기백, 태도, 자세

What have you got to lose?

손해 볼 게 있나요? (밑져야 본전이죠.)

:

상대방이 어떤 것을 할까 말까 고민하고 주저하고 있을 때 용기를 북돋아 줄 수 있는 표현 이에요. 하고 실패(후회)하는 게 아예 안 하는 것보다 낫다는 뜻이죠.
P.S. 혹시 이 표현에서 친밀한 사이에서 주로 쓸 법한 뉘앙스가 느껴진다면 아주 잘 따라 오고 있는 거예요!

원어민 게이지 80%

개인적이고 직설적인 어감으로 # 주로 캐주얼한 상황에서 친구에게 쓰는 표현

직설적 👍👍👍👍👍   배짱 👍👍👍👍👍👍   활용도 👍👍👍👍👍👍

더보기 ▼

It's worth a shot.

한번 시도해 볼 만한 가치는 있어요.

What are you waiting for?

뭘 기다리는 거예요? (뭘 망설여요?)

---

lose 잃어버리다, 손해 보다   worth (~할) 가치가 있는, 해 볼 만한   shot 시도
wait for ~ ~을/를 기다리다

The sky is the limit.

불가능은 없어요. (마음만 있다면 뭐든 할 수 있어요.)

:

사람들이 꿈을 이루도록 격려할 때 쓰는 표현이에요. 또는 어렵거나 불가능해 보이는 것을 포기하지 않도록 하기 위해서도 매우 흔하게 써요. 끝없이 펼쳐진 하늘이 한계라는 건 곧 한계가 없다는 말과 같은 뜻이겠죠! 못 할 게 없겠어요!

더보기에 추가 표현으로는, 상대방에게 용기를 북돋아 주는 표현과 상대방이 힘들어할 때나 어떤 것이 계획대로 되지 않을 때 격려할 수 있는 표현을 준비했어요.

원어민 게이지 100%

(예산과 관련해) 무제한이라는 뜻도 지님 # 천정부지

상상력 👍👍👍👍👍   용기 👍👍👍👍👍   활용도 👍👍👍👍👍

더보기 ▼

Shoot for the stars.

꿈을 크게 가져요. (꿈을 못 이룰지언정 그 근처에는 갈 테니까요!)

Life is full of ups and downs.

인생에는 (원래) 우여곡절이 있기 마련이니까요. (어떻게 될지 몰라요.)

ups and downs 우여곡절, 흥망성쇠

I'm not sure if I should confess
my feelings to him or not.

What have you got to lose?
It's worth a shot.

Well, we've been friends for ages
and I don't want to mess that up.

Well, life is full of ups and downs.
You'll never know if you don't try.

You're right.
I don't know what I'm waiting for.
I should just tell him
how I feel and hope for the best.

That's the spirit!

confess 고백하다, 자백하다　　mess up (~을/를) 엉망으로 만들다, 다 망치다

그에게 제 감정을
고백해야 할지 말아야 할지 모르겠어요.

밑져야 본전이죠.
한번 시도해 볼 만한 가치는 있어요.

그게, 우리는 오랫동안 친구로 지내 왔고,
전 그걸 다 망치고 싶지 않아요.

음, 인생은 어떻게 될지 몰라요.
시도해 보지 않으면 절대 알 수 없어요.

맞아요.
제가 뭘 망설이는지 모르겠어요.
그냥 제가 어떻게 느끼는지 그에게 말하고,
잘 되길 바라겠어요.

(바로) 그거예요!

hope for the best 잘 될 것을 기대하고 절망하지 않다, 낙관하다

I'm not sure if I should confess
my feelings to him or not.

What have you ❶⬚⬚⬚?
It's ❷⬚⬚⬚.

Well, we've been friends for ages
and I don't want to mess that up.

Well, life is full of ❸⬚⬚⬚.
You'll never know if you don't try.

You're right.
I don't know what I'm ❹⬚⬚⬚.
I should just tell him
how I feel and hope for the best.

That's the ❺⬚⬚⬚!

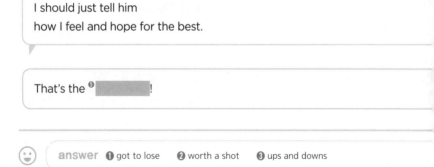

😊 **answer** ❶ got to lose   ❷ worth a shot   ❸ ups and downs

그에게 제 감정을
고백해야 할지 말아야 할지 모르겠어요.

밑져야 본전이죠.
한번 시도해 볼 만한 가치는 있어요.

그게, 우리는 오랫동안 친구로 지내 왔고,
전 그걸 다 망치고 싶지 않아요.

음, 인생은 어떻게 될지 몰라요.
시도해 보지 않으면 절대 알 수 없어요.

맞아요.
제가 뭘 망설이는지 모르겠어요.
그냥 제가 어떻게 느끼는지 그에게 말하고,
잘 되길 바라겠어요.

(바로) 그거예요!

❹ waiting for   ❺ spirit

Praising
& Complimenting
칭찬하기

'칭찬'은 영어로 'praise' 또는 'compliment'라고 하는데요. 이 두 단어를 사용하는 데는 약간의 차이가 있어요. 한번 짚고 넘어가 볼까요?

'Praise (칭찬)'는 누군가가 어떤 것을 잘해 냈을 때 이를 **인정**하는 진심 어린 표현이에요. 예를 들어, 시험에서 좋은 점수를 받거나 과제를 잘 수행한 사람에게 우리는 'praise (칭찬)'할 수 있죠.

'Compliment (칭찬)'는 외모, 성격, 실력 등 누군가가 지니고 있는 것에 대해 **감탄하거나 존경**을 나타내는 표현이에요. 예를 들어, 친구가 헤어스타일을 바꿨는데 너무 잘 어울릴 때 우리는 'compliment (칭찬)'할 수 있어요.

물론 둘 다(praise 그리고 compliment) 할 수도 있어요! 누군가를 인정하고 존경하면서 감탄하는 마음을 표현해 그 사람을 기분 좋게 할 수 있죠. 서로에게 호감을 갖고 더 친해지는 계기가 될 수도 있어요.

주의할 점은, 미국에서는 회사 사람들이나 학교 선생님과 학생처럼 공적인 관계라면 외모에 대해 칭찬을 해서는 안 된다는 거예요. 그리고 모르는 사람의 **외모에 대해 칭찬**하는 것 또한 다수를 불편하게 만들 수 있어요.

이에 유의하면서 다양한 칭찬들을 원어민의 표현으로 살펴볼게요! ☺

I hope you don't mind if I pay you a compliment, but I just had to say I like your style.

제가 이런 말씀(칭찬)드려도 괜찮을지 모르겠지만, 스타일 너무 좋으세요.

:

'I hope you don't mind if ~'부터 말하기 시작하면 선을 넘거나 무례하게 보일까 걱정된다는 뜻인데, 'pay somebody a compliment (~을/를 칭찬하다)'를 함께 써 아주 조심스럽게 칭찬하는 말이 되었어요. 그리고 'I just had to say ~'라고 하면 원래 얘기 안 하려고 했는데 (너무 멋있어서) 참을 수 없었다는 의미를 나타내 줘요.

원어민 게이지 50%

모르는 사람에게 # 가볍지 않은 자리에서 # 'style' 대신 'hairstyle (헤어스타일), shoes (신발)' 등으로 바꿔 칭찬하기 # 듣는 입장에서 무척 기분 좋을 칭찬임에 분명!

격식 👍👍👍👍👍   팬심 👍👍👍👍👍   활용도 👍👍👍👍👍

더보기 ▼

That color looks great on you.

그 색 정말 잘 어울려요.

Your new haircut really suits you.

새로 머리(카락) 자르신 거 너무 잘 어울려요.

compliment 칭찬(의 말), 찬사   suit 어울리다, 편리하다

I couldn't help but notice your singing skills.

노래 실력에 주목할 수밖에 없었어요. (정말 뛰어나시네요.)

:

이 표현은 실력이 눈에 띄게 출중해 칭찬을 안 하고는 못 배길 때 쓰면 딱이에요. 마주한 상황에서 쓸 수도 있고, 나중에 기회가 생겼을 때 이렇게 말해도 좋아요.
주의할 점은 상대방이 하는 일에 대해서는 이 표현을 쓰지 않는다는 것이죠. 왜냐하면 잘할줄 몰랐는데 의외로 잘해서 깜짝 놀라 하는 칭찬이라는 뉘앙스를 주거든요.

원어민 게이지 80%

이런 재주가 다 있었다니 # 칭찬 못 참아 # 'singing' 대신 다른 '동사-ing'로 바꾸어 활용

캐주얼 👍👍👍👍👍   흥미로움 👍👍👍👍👍   활용도 👍👍👍👍👍

더보기 ▼

Wow, you can really draw!

와, 진짜 그림 잘 그리네요!

You make a superb performer.

(당신은) 정말 최고의 연주자예요.

---

couldn't help but 동사 ~(동사)하지 않을 수 없다, ~할 수밖에 없다   superb 최고의, 대단히 훌륭한 (= amazing, great, fine)

🎙️MP3 035

You should be proud of yourself.

자부심을 가져요.

:

상대방이 무언가를 잘했을 때 칭찬하는 표현이에요. 열심히 했고 이미 충분히 훌륭하기 때문에, 다른 사람들의 생각이나 반응에 신경 쓰지 않고, 오롯이 스스로 자랑스럽게 여기는 게 중요하다는 뜻이죠.

원어민 게이지 100%

격식을 차리는 또는 일상적인 상황에서 모두 사용 # 누가 뭐래도 # 내가 최고다! # 내 스스로를 인정해 주기 # 셀프 토닥토닥

교훈적 👍👍👍👍👍   인정 👍👍👍👍👍   활용도 👍👍👍👍👍

더보기 ▼

You (really) blew me away (with your acting).

(당신의 연기에) (무척) 놀랐어요. / 감동했어요.

I was (truly) impressed by your speech.

당신의 말솜씨에 (정말로) 감명받았어요.

be proud of ~ ~을/를 자랑으로 여기다, 의기양양해하다   blow somebody away ~을/를 뿅 가게 만들다, 수월하게 이기다, 날려 보내다   truly 정말로, 진심으로 (= so, very) impressed 감명(감동)을 받은, 인상 깊게 생각하는

Your new haircut really suits you.

That's kind of you to say.
Thanks.
Are you making lunch?

Yeah, I'm just making some curry.
Do you want some?

It looks and smells amazing!
Wow, you can really cook!
I'm impressed by your chopping skills.

Thanks!
Here, taste-test it and tell me
if it's too spicy for you.

It's amazing!
You are blowing me away
right now with your cooking skills.

make lunch 점심을 싸다, 요리하다   **chopping** 찍기, 자르기, 썰기   **taste-test** 시
식하다, (중간에) 맛보다, 간보다

새로운 헤어스타일 정말 잘 어울려요.

그렇게 말해 줘서 고마워요.
점심 만들고 있어요?

네, 카레 만들고 있어요.
좀 줄까요?

보기에도 그렇고 냄새도 정말 맛있겠어요!
와, 요리 정말 잘하시네요!
써는 솜씨가 인상적이에요.

고마워요!
여기 있어요, 맛보고
너무 맵지는 않은지 알려 주세요.

맛있어요!
저 지금 당신의 요리 실력에
정말 깜짝 놀랐어요.

...

Your new haircut really ❶   .

That's kind of you to say.
Thanks.
Are you making lunch?

Yeah, I'm just making some curry.
Do you want some?

It looks and smells amazing!
Wow, you ❷   really cook!
I'm ❸   your chopping skills.

Thanks!
Here, taste-test it and tell me
if it's too spicy for you.

It's amazing!
You are ❹
right now with your cooking skills.

😊   answer ❶ suits you   ❷ can   ❸ impressed by   ❹ blowing me away

새로운 헤어스타일 정말 잘 어울려요.

그렇게 말해 줘서 고마워요.
점심 만들고 있어요?

네, 카레 만들고 있어요.
좀 줄까요?

보기에도 그렇고 냄새도 정말 맛있겠어요!
와, 요리 정말 잘하시네요!
써는 솜씨가 인상적이에요.

고마워요!
여기 있어요, 맛보고
너무 맵지는 않은지 알려 주세요.

맛있어요!
저 지금 당신의 요리 실력에
정말 깜짝 놀랐어요.

Congratulating on milestones

경사 축하하기

'Milestone (경사)'은 **인생에서 굉장히 중요한 일(단계)**들을 말해요. 대학을 졸업하는 것, 집을 사는 것, 취업하는 것, 결혼하는 것, 아이를 갖는 것 등이 모두 일반적인 'milestone (경사)'이죠.

이런 **경사를 기념하고 축하하는 것은 아주 기본적인 예의**라고 할 수 있어요. 직접 만나 축하할 수도 있고, 직접 만날 수 없다면 카드 등을 통해 축하 메시지를 전달하기도 해요.

상대방의 경사를 축하하는 인사를 건네며 우리는 칭찬이나 기쁜 마음을 표현할 수도 있고, 또는 밝은 미래를 위해 축복을 빌어 줄 수도 있겠지요.

그래서 이번 레슨에서는 결혼·출산 등 **가족과 관련된 경사**, 승진·수상 등 **회사나 학교에서 성과를 이룬 경사**, 그리고 **개인적인 목표를 이룬 경사**에 대해 제대로 축하하는 표현을 순서대로 배워 볼게요! 🙂

Best wishes on the next stage in your life.

당신의 인생에서 다음 단계에 행운이 있기를 바랍니다.
(앞으로도 탄탄대로를 달리시길 바랍니다.)

이 표현은 아주 유용해요. 'the next stage (다음 단계)'라는 것이 결혼, 자택 마련, 출산 등 미래에 있을 모든 이벤트를 가리켜 나타낼 수 있기 때문이에요.
상대방의 앞길이 늘 탄탄대로이길 소망하는 진심을 담아 이 표현을 적극 활용해 보세요!

원어민 게이지 50%

새로운 일이나 어떤 것을 도전할 때도 사용   # 꽃길만 걸어   # 격식적

응원 👍👍👍👍👍   희망 👍👍👍👍👍   활용도 👍👍👍👍👍

더보기 ▼

I'm excited for (both of) you and I know you'll have many happy years together (in your new home).

두 분(의 결혼생활/신혼생활)이 기대돼요. (새 집에서) 행복하게 잘 사실 거라는 걸 알고 있거든요.

I've got a feeling this is only the beginning of even more great things for you!

이건 단지 (앞으로 있을) 훨씬 더 큰 경사의 시작이라는 느낌이 들어요!

Best wishes (to somebody / for something / on (doing) something 등) ~. (~에의)
행운을 빕니다.   be excited for ~ ~이/가 기대되다   I've got a feeling ~. ~(이)라는
느낌이 들어요.

Congratulations on your well-deserved success.

성공을 축하합니다. (충분한 자격이 있으세요.)

누군가가 학교·회사에서 성공하고 인정받을 때 이 표현을 쓸 수 있어요. 다같이 축하 인사를 건네는 자리에서 또는 축하 편지를 쓸 때 사용하기 좋아요. 열심히 노력해서 이루어 낸 성공을 알아주고 축하하는 표현이라 칭찬으로도 들리는 말이에요.
'success (성공)' 대신, 'raise (임금 인상), promotion (승진), award (상), recognition (인정)' 등 상황에 따라 축하할 일을 구체적으로 언급할 수도 있어요!

원어민 게이지 80%

격식을 차리는 상황에서 사용하기 매우 적절 # 당신의 노력이 깃든 성공에 치얼스 # 인정받기 이미 충분한 자격

예의 👍👍👍👍👍   인정 👍👍👍👍👍   활용도 👍👍👍👍👍

더보기 ▼

You've worked so hard. You deserve this promotion.

정말 열심히 했잖아요. 승진할 자격이 충분히 있어요.

Congratulations on your achievement.

성과를 (거두신 것에 대해) 축하합니다.

well-deserved 자격이 충분한   achievement 업적, 성취, 성과

It was only a matter of time! Congratulations!

(그저) 시간 문제였어요! (해낼 줄 알았다고요.) 축하해요!

상대방이 해낼 줄 알았다는 기대와 믿음을 보여 주면서 칭찬을 곁들인 축하 표현이에요. 개인적인 목표를 이루었을 때, 그럴 만한 자격이 이미 충분했음을 강조해서 말해요.
곁에 있는 사람의 가치를 알아주고 그 사람의 성공을 진심으로 축하해 줄 수 있는 좋은 표현이에요!

원어민 게이지 100%

'내 그럴 줄 알았다!'의 긍정ver. # 될놈될 # "Congratulations!" 대신 "Congrats!" 하면 더 간단하고 캐주얼한 느낌

확신 👍👍👍👍👍   생색 👍👍👍👍👍   활용도 👍👍👍👍👍

더보기 ▼

I knew you had it in you.

소질/능력이 있을 줄 알았다니까요. (해낼 줄 알았어요.)

You have yourself to thank for this accomplishment.

이 성취는 당신 자신 덕분이에요. (스스로 해낸 거예요.)

a matter of ~ ~의 문제, ~의 입장(이유)   have it in you (~을/를 할) 능력이 있다
have somebody to thank ~의 덕분이다 (위에서는 'yourself'를 써 오롯이 스스로 해낸 것을 강조)

I have some great news.
I got the job!

Congratulations!
I knew you had it in you.

Thanks.
I was starting to lose confidence
after failing so many interviews.

It was only a matter of time!
You've worked so hard.
You deserve to be recognized.
We should celebrate!

How about getting dinner?
Since I got hired, it's on me.

Wow! Look at you!
Just pick a place and time
and I'll be there.

...

lose confidence 자신감을 잃다   fail 실패하다   get dinner 저녁 먹으러 가다
since ~ ~ 때문에, ~므로(여서)   get hired 취직하다

저 좋은 소식 있어요.
취업했어요!

축하해요!
될 줄 알았다니까요.

고마워요.
면접에서 너무 많이 떨어져서
자신감을 잃기 시작하던 참이었어요.

단지 시간 문제였어요!
열심히 해 왔잖아요.
인정받을 자격 충분해요.
우리 축하해야죠!

저녁 같이 먹으러 갈까요?
제가 취업했으니 쏠게요.

우와! 멋있네요!
장소와 시간만 알려 주면 갈게요.

Look at you! 직역하면 '자신을 봐요!'이지만 위에서는 한턱 쏘는 모습을 가리켜 문맥상 '멋
있네요!'라고 해석   pick 고르다, 선택하다

I have some great news.
I got the job!

!
I knew you .

Thanks.
I was starting to lose confidence
after failing so many interviews.

It was only !
You've worked _____.
You _____ to be recognized.
We should celebrate!

How about getting dinner?
Since I got hired, it's on me.

Wow! Look at you!
Just pick a place and time
and I'll be there.

저 좋은 소식 있어요.
취업했어요!

축하해요!
될 줄 알았다니까요.

고마워요.
면접에서 너무 많이 떨어져서
자신감을 잃기 시작하던 참이었어요.

단지 시간 문제였어요!
열심히 해 왔잖아요.
인정받을 자격 충분해요.
우리 축하해야죠!

저녁 같이 먹으러 갈까요?
제가 취업했으니 쏠게요.

우와! 멋있네요!
장소와 시간만 알려 주면 갈게요.

❹ so hard   ❺ deserve

Lesson

11~15

◀ **Lesson 11** 유튜브 영상 바로 가기

Scheduling a doctor's appointment
진료 예약하기

'Scheduling a doctor's appointment (**진료 예약하기**)'를 시작하기 전 먼저 알아 둘 것이 있어요. 미국에서 병원에 가는 것은 한국에서와는 다른 경험이거든요. 일단 우리가 뭉뚱그려 '병원'이라고 부르는 곳을 미국에서는 각각 구별해서 말해요.

'**hospital (병원)**'은 많은 전문의들이 속해 있는 **대형 의료센터**(대학병원 등)를 가리켜요. 여기서는 수술을 할 수 있고, 대부분 응급 상황에도 대처가 가능한 시설이 갖춰져 있어요.

우리가 평소에 비교적 간단히 진찰받고 약을 처방받기 위해 가는 **일반 병원**은 영어로 말할 때 주로 '**doctor's office**'라고 해요. 그리고 **진찰을 받으려면 미리 예약**을 해야 하죠. 수시로 (예약 없이) 방문이 가능한 'walk-in clinic'도 있지만, 저렴한 비용으로 진찰을 받을 수 있는 대신, 매우 오래 기다려야 할 수 있고 의사를 임의로 배정받아요.

이러한 문화적 차이에 유의하면서, 이번 레슨에서는 **진료를 예약**하고, **진료 목적을 설명**하고, **예약을 확정**하는 원어민의 표현을 살펴볼게요! 😊

I need to make an appointment to see Dr. Cooper (for my daughter).

(제 딸아이가 받을) Cooper 선생님 진료를 예약하고 싶어요.

:

해당 표현은 자녀나 배우자 등 다른 사람을 위해 의사의 진료를 예약할 때 유용해요. 'my daughter (딸), son (아들), husband (남편), wife (아내)' 등 진찰받을 대상만 바꿔 말해 주면 되거든요. 또한, 여기서 'for ~(진찰받을 사람)'를 생략하면 본인이 진찰받으려고 예약한다는 의미예요. 정말 만능 표현 아닌가요? ^^

원어민 게이지 50%

'make' 대신 'schedule'을 쓰면 # 조금 더 형식적인 표현이 되지만 # 큰 차이는 없다! # 'Dr. Cooper' 대신 그냥 'the doctor'도 가능

대리 👍👍👍👍👍   정중 👍👍👍👍👍   활용도 👍👍👍👍👍

더보기 ▼

I would like to see the doctor.

의사 선생님 진찰을 받고 싶어요. (예약하고 싶어요.)

Can I get in to see the doctor?

의사 선생님한테 진찰받을 수 있어요? (예약할 수 있어요?)

make an appointment 진료 예약을 하다 (= schedule an appointment)   see the doctor 진찰받다 (참고로, 'would like to see the doctor'보다 'get in to see the doctor' 가 더 캐주얼한 뉘앙스를 줌)

I need to renew my prescription.

처방전을 다시 받아야 해서요.

:

일반적으로 처방전을 다시 발급받기 위해서도 진료 예약을 해야 하지요. 그럴 경우 쓸 수 있는 표현이에요. 의사는 처방한 약이 효과가 있는지, 새롭게 약의 배합을 조정할 필요는 없는지 등을 확인해 줄 거예요.

원어민 게이지 80%

\# 진료 예약 이유를 명확하게 밝히기 \# 속전속결

목적성 👍👍👍👍👍   직설적 👍👍👍👍👍   활용도 👍👍👍👍👍

더보기 ▼

I need to come in for a follow-up appointment.

후속 진료를 받아야 해서요.

I'd like to have my throat looked at.

(의사 선생님이) 제 목을 좀 봐 주셨음 좋겠어요.

---

follow-up appointment 후속 진료 (위에서 'come in for ~ (~하러 오다)'와 함께 'check-up (검진), x-ray (엑스레이 촬영)' 등으로 바꿔 활용)   have ~ looked at ~을/를 보이다 ('throat (목), nose (코), foot (발)' 등의 신체 부위와 함께 의사에게 진찰받기 위한 표현으로 씀)

Can you squeeze me in today?

오늘 (비는 시간에) 저 좀 끼워 줄 수 있을까요?
(혹시 오늘도 예약이 가능할까요?)

:

이 표현은 급하게 진료를 받고 싶어서 혹시 가능한 시간이 날지 물어볼 때 쓸 수 있어요. 그래서 '(누군가를) 끼워 맞추다, 집어넣다'라는 의미의 'squeeze somebody in'을 썼고, 'fit somebody in' 역시 같은 의미로 활용 가능해요.

원어민 게이지 100%

짧은 시간에 약속을 잡는 매우 흔한 방법 # 바쁘다 바빠 현대사회 # 예약 빈틈 노리기

일상적 👍👍👍👍👍   **실시간** 👍👍👍👍👍👍   **활용도** 👍👍👍👍👍

더보기 ▼

Is there a slot on Friday?

금요일에 (예약 가능한) 시간 있나요?

The doctor asked to see me in one week's time.

의사 선생님이 일주일 후에 보자고 하셨어요. (시간 예약 잡아 주세요.)

slot 자리, 시간, 틈, 구멍   in one week's time 일주일의 시간이 흐른 뒤, 일주일 후에 ('week' 대신 'minute (분)', day (일)'도 쓸 수 있음)

Hello. I need to make an appointment
to see Dr. Calvin.

Okay. Are you a new patient or
have you seen Dr. Calvin before?

I've seen him before.
I need to come in for a check-up.
My name is Rosie Moore.

Okay, Ms. Moore.
I've found you in our system.
When were you hoping to come in
to see Dr. Calvin?

Can you squeeze me in today?

There's a 1 p.m. slot.
Are you available at that time?

patient 환자 (위의 'Are you a new patient ~?'는 처음 방문한 것인지 묻는 표현으로 자연
스럽게 해석)

안녕하세요.
Calvin 선생님 진료를 예약하고 싶은데요.

네, 알겠습니다. 처음 오신 건가요,
아니면 이전에 오신 적이 있나요?

와 본 적 있어요.
(이번에는) 검진을 받고 싶어요.
제 이름은 Rosie Moore예요.

네. 알겠습니다, Moore 씨.
저희 (전산) 시스템에서 환자분 성함을 찾았어요.
Calvin 선생님을 언제 뵙길 원하시나요?

혹시 오늘도 예약이 가능할까요?

오후 1시 가능해요.
그 시간에 (방문) 가능하신가요?

Hello. I need to make ❶ [_____]
to ❷ [_____] Dr. Calvin.

Okay. Are you a new patient or
have you seen Dr. Calvin before?

I've seen him before.
I need to ❸ [_____] a check-up.
My name is Rosie Moore.

Okay, Ms. Moore.
I've found you in our system.
When were you hoping to ❹ [_____]
to see Dr. Calvin?

Can you ❺ [_____] me ❻ [_____] today?

There's a 1 p.m. ❼ [_____].
Are you available at that time?

😊   **answer** ❶ an appointment   ❷ see   ❸ come in for   ❹ come in

안녕하세요.
Calvin 선생님 진료를 예약하고 싶은데요.

네, 알겠습니다. 처음 오신 건가요,
아니면 이전에 오신 적이 있나요?

와 본 적 있어요.
(이번에는) 검진을 받고 싶어요.
제 이름은 Rosie Moore예요.

네. 알겠습니다, Moore 씨.
저희 (전산) 시스템에서 환자분 성함을 찾았어요.
Calvin 선생님을 언제 뵙길 원하시나요?

혹시 오늘도 예약이 가능할까요?

오후 1시 가능해요.
그 시간에 (방문) 가능하신가요?

❺ squeeze OR fit   **❻** in   **❼** slot

Making a reservation
식당 예약하기

'Making a reservation (식당을 예약)'할 때는, 몇 가지 **중요한 정보를 전달**해야 해요. 예약자 이름, 날짜, 시간, 인원 수 등 말이에요. 또는 추가적인 상황이 있을 수도 있죠.

기타 추가적인 상황으로는, 특정한 자리를 예약하고 싶어 한다거나 이벤트를 하고 싶어서 이를 도와줄 수 있는지 등을 확인하고 싶을 수도 있을 거예요. 예를 들어, 금연 구역의 테이블이나 창가 쪽에 있는 테이블을 요청한다든가 하는 일도 있을 수 있고요. 어떤 식당에서는 생일, 약혼 등의 기념일 이벤트 옵션이 있을 수도 있기 때문에 이에 대한 **구체적인 정보를 이해하고 요청**할 수 있다면 좋겠지요.

그래서 이번 레슨에서는 **식당 예약을 정중하게 요청하는 방법**, **식당에 도착해서 예약을 확인하는 방법**, 그리고 **특별한 요청을 하는 방법**에 대해 알아볼 거예요.

배울 표현들 중에는 식당 예약뿐만 아니라 미용실 등 다른 장소를 방문할 때도 활용할 수 있는 표현들도 있을 테니, 잘 배워서 유용하게 써 보도록 해요! ☺

MP3 045

Do you take reservations?

예약을 받으시나요? (예약할 수 있나요?)

:

식당을 예약할 때 시작하는 말로 꺼내기 좋은, 예의 바른 질문이에요. 'take'보다 'accept'가 더 격식을 차린 듯한 느낌을 주지만, 둘 다 매우 흔하게 써요.
위 표현으로 예약이 된다는 것을 확인하고 나면, 아래 추가 표현들을 활용해 본격적으로 예약을 진행하면 돼요!

원어민 게이지 50%

노쇼(no-show)는 안 돼요 # 이제 영어로 식당 예약은 내 담당!

계획성 👍👍👍👍👍   약속 👍👍👍👍👍   활용도 👍👍👍👍👍

더보기 ▼

I'd like to make a dinner reservation for 2 for 6 p.m.

오후 6시에 두 사람 저녁 식사 자리를 예약하고 싶은데요.

I'd like to book a table for 4 for Tuesday, November 9th at 7 p.m.

11월 9일 화요일 오후 7시에 4인용 테이블을 예약하고 싶어요.

---

take a reservation 예약을 받다 (= accept a reservation)   make a reservation 예약하다 (= book a table)

I reserved a table for 5 p.m. for 2 under the name of Steve.

Steve로 오후 5시에 2인 자리 예약했는데요.

：

식당에 도착해 예약을 확인할 때 쓸 수 있는 표현이에요. 예약한 이름과 시간, 총 인원 수 등 예약과 관련된 중요한 정보를 한 번에 말할 수 있어 아주 유용하죠. 또는, "I reserved a table. (예약했는데요.)" 하고 간단히 말한 뒤에 직원의 확인을 기다릴 수도 있어요.

원어민 게이지 80%

'reserve a table' = 'book a table' # 격식의 차이 없음 # 소개팅에서 멋지게 말해 보기

정보 👍👍👍👍👍   확인 👍👍👍👍👍   활용도 👍👍👍👍👍

더보기 ▼

We have a reservation for 4 for 12:30.

12시 30분에 4명 예약 있어요. (예약했어요..)

I made a reservation under Brittany.

Brittany로 예약했어요.

---

reserve a table 예약하다 (= book a table)   have a reservation 예약이 있(는 상태이)다
under (the name of) ~ ~(이름)으로

I'd like a table in the smoking section.

흡연석으로 주세요.

:

예약 시 특별한 요청을 할 때 쓸 수 있는 표현 중 하나예요. 미국의 대부분의 주(states)에서는 식당, 술집, 그리고 다른 공공장소에서 흡연을 금지하고 있고, 머지 않아 모든 주에서 금지될지도 몰라요. 하지만 모든 주를 포함한, 심지어 영어를 사용하는 국가가 모두 다르기 때문에 이 표현을 알아 두면 좋을 것 같아요.

그리고 이 표현에서 'a table' 뒤에 'by the window (창문 옆), on the patio (테라스), near the bar (바)' 등을 써 다른 원하는 자리를 말할 수도 있어요!

원어민 게이지 100%

'smoking (흡연 구역)' ↔ 'non-smoking section (비흡연 구역)' # 이왕이면 내가 딱 원하는 자리에서~

기호 👍👍👍👍👍   지정 👍👍👍👍👍   활용도 👍👍👍👍👍

더보기 ▼

Can I get a table by the window?

창문 옆자리로 주실 수 있나요?

Do you have any special offers or arrangements?

[특별한 날을 기념하기 위해 예약할 때] 특별 할인이나 혜택 같은 거 있나요?

offer 제안, 할인   arrangement 혜택, 준비, 마련, 주선, 제도

Hello. Do you take reservations?

Yes, we do. When would you like to make a reservation?

I'd like to book a table for 2 for this Friday at 6:30 p.m.

Can I have a name for the reservation, sir?

Jordan. Also, if possible, I'd like a table by the window. And it's my girlfriend's birthday. Do you have any special offers or arrangements?

Yes, we give a free piece of cake and sing happy birthday. Just let us know when you would like us to surprise her.

...

Can I have a name for the reservation? 예약자 성함을 말씀해 주시겠어요?

안녕하세요. 예약할 수 있을까요?

네, 그럼요.
언제로 예약하시겠어요?

이번 주 금요일 오후 6시 30분에
2명 자리를 예약하고 싶어요.

예약자 분 성함을
말씀해 주시겠어요?

Jordan이요. 그리고, 가능하면
창가 쪽 자리로 부탁드려요.
또 그날이 제 여자친구 생일인데요.
특별 할인이나 혜택 같은 거 있나요?

네, 케이크 한 조각을 무료로 드리고요.
생일 축하 노래를 불러 드려요.
언제 여자친구를 놀라게 해 드리면
좋을지 알려 주세요.

Hello. Do you ❶ [____] reservations?

Yes, we do. When would you like to make a reservation?

I'd like to ❷ [____] a table ❸ [____] 2 for this Friday at 6:30 p.m.

Can I have ❹ [____] for the reservation, sir?

Jordan. Also, if possible, I'd ❺ [____] a table ❻ [____] the window. And it's my girlfriend's birthday. Do you have any ❼ [____] or ❽ [____]?

Yes, we give a free piece of cake and sing happy birthday. Just let us know when you would like us to surprise her.

answer ❶ take OR accept   ❷ book OR reserve   ❸ for   ❹ a name

안녕하세요. 예약할 수 있을까요?

네, 그럼요.
언제로 예약하시겠어요?

이번 주 금요일 오후 6시 30분에
2명 자리를 예약하고 싶어요.

예약자 분 성함을
말씀해 주시겠어요?

Jordan이요. 그리고, 가능하면
창가 쪽 자리로 부탁드려요.
또 그날이 제 여자친구 생일인데요.
특별 할인이나 혜택 같은 거 있나요?

네, 케이크 한 조각을 무료로 드리고요.
생일 축하 노래를 불러 드려요.
언제 여자친구를 놀라게 해 드리면
좋을지 알려 주세요.

❺ like ❻ by ❼ special offers ❽ arrangements

Rescheduling
(예약) 일정 변경 및 취소하기

우리는 앞서 배운 레슨에서 식당이나 병원 등을 예약하는 표현들을 배웠는데요. 이번 레슨에서는 그러한 예약을 'rescheduling (변경 또는 취소)'할 때 쓸 수 있는 표현들을 배워 볼 거예요.

식당이나 병원 등의 예약을 변경하는 일(canceling & changing a reservation or appointment)은 아무래도 비즈니스 회의 등을 연기하거나 취소하는 일보다는 **비교적 캐주얼**한 표현을 사용해요. 또한, 일정 변동에 대한 사유를 제시할 필요도 없죠.

여기서 **'reservation (예약)'은 방, 좌석, 표 등의 일정 공간이나 자리를 점유하기 위한 예약**을 말하고, **'appointment (예약)'는 진료나 상담 또는 이발 등 일정 시간 동안의 서비스를 받기 위한 예약**을 가리켜요.

자, 그럼 **예약을 미리 취소**하는 표현, **마지막 순간에 취소**하는 표현, 그리고 **예약이나 약속을 변경**하는 표현을 배워 볼게요! ☺

I'd like to cancel my haircut (for tomorrow the 11th at 2 p.m).

내일 11일 오후 2시 커트(예약)를 취소하고 싶어요.

:

예약을 취소할 때에는 이 표현을 써서 취소에 필요한 구체적인 정보를 전달해요. 취소의 이유를 밝힐 필요는 없지만, 대신 'would like to ~ (~하고 싶다)'를 써서 기본적인 예의를 갖춰 줘요. 참고로, 위처럼 '예약일 (the 11th)'만 말하거나 '예약일 of 월, 연도 (**e.g.** the 11th of March, 2022)' 식으로 말할 때는 'the'를 꼭 붙여요.

원어민 게이지 50%

취소를 직접적으로 요청하는 표현 # '월-일, 연도 (**e.g.** March 11th, 2022)' 식으로 말할 때는 'the' 없이 # 'of'도 필요 없어요.

명료 👍👍👍👍👍   구체적 👍👍👍👍👍   활용도 👍👍👍👍👍

더보기 ▼

I need to cancel my dinner reservation for Friday at 6 p.m.

금요일 오후 6시 저녁 예약을 취소하려고 하는데요.

I won't be needing my appointment.

예약이 더 이상 필요하지 않을 것 같아요. (예약을 취소하고 싶어요.)

won't be needing ~ ~이/가 필요하지 않다 ('won't need ~'보다 우회적인 뉘앙스)

(I'm) Sorry to cancel
(at the (very)) last minute.

막판에 취소해서 죄송해요.

⋮

만약 여러분이 갑작스럽게 예약을 취소해야 하는 상황에 처한다면, 이 표현을 활용해 보세요.

여기서 'very'는 'the + very + 최상급'의 형태로 'the last'를 강조하는 역할을 해요. 그래서 'at the very last minute'과 'at the last minute' 모두 가능하고, 'last minute'이라고만 말할 수도 있어요.

원어민 게이지 80%

마지막 순간에 이 표현을 쓰는 일이 없길 # 그러나 제대로 사과할 수 있게 미리 알아 두기 # 'I'm'을 생략하지 않고 말하면 조금 더 격식을 차리는 뉘앙스

긴급 👍👍👍👍👍   죄송 👍👍👍👍👍   활용도 👍👍👍👍👍

더보기 ▼

(I'm) Sorry for giving (such) short notice.

(이렇게) 갑작스럽게 알려 드려 죄송해요.

(I'm) Sorry to do this on (such) short notice.

(이렇게) 갑작스럽게 알려 드려 죄송해요.

---

on (such) short notice 갑작스럽게, 급박하게, 촉박하게 (예약 취소뿐 아니라 어떤 알림을 준비할 시간이 충분하지 않은 상황에서 갑작스럽게 하는 것을 의미함. 위 표현의 경우, 'to do this'에서 'do' 대신 다른 동사로 바꾸어 활용 가능)

I'll call back later to make a new appointment.

나중에 다시 전화해서 새로 예약할게요.

:

예약 일정을 즉시 변경하지 않을 경우에 쓸 수 있는 표현이에요. 추후 가능한 시간이 확실해지면 예약을 다시 잡고 싶을 수도 있고, 아니면 일정을 조정할 생각은 없지만 예의 바르게 말하고 싶을 수도 있어요.

추가로, 바로 예약 일정을 변경하길 요청하는 표현과 일정 변경 시 취소 수수료가 있는지를 확인하는 표현을 아래 더보기에서 살펴볼게요. (물론 세세한 규정은 다 다르겠지만, 몇몇은 취소 수수료를 물도록 하는 곳도 있기 때문이에요.)

원어민 게이지 100%

\# 어떤 예약인지에 따라 'appointment' 또는 'reservation' # 대놓고 취소하기 어려워하는 사람들을 위한 표현 # 'make' 대신 'reschedule'을 쓸 수 있어요

예의 바름 👍👍👍👍👍 보류 👍👍👍👍👍 활용도 👍👍👍👍👍

더보기 ▼

Can I change my dentist appointment **to** Monday the 22nd **at** 12 p.m.?

제 치과 (진료) 예약을 22일 월요일 오후 12시로 바꿀 수 있을까요?

Is there a fee for missed appointments?

예약 누락 시 취소 수수료가 있나요?

call back later 나중에 다시 전화 걸다　　fee 요금, 수수료, 비용

Hello, I'm calling because
I'd like to cancel my hair appointment
for tomorrow at 4 p.m.

Okay, let me see here.
Are you Abby?

Yes, that's me.
Sorry for giving such short notice.

That's alright.
Would you care to reschedule
your haircut for a different day?

I'll call back to make a new
appointment. Thanks.

No worries.

💬

Would you care to ~? ~하시겠어요? ('Would you like to ~?'보다 에둘러 권유하는 뉘앙스)

안녕하세요,
내일 오후 4시 미용 예약을
취소하고 싶어서 전화했어요.

네, 한번 (확인해) 볼게요.
Abby 님이신가요?

네, 그게 저예요.
너무 급하게 (취소)해서 죄송해요.

괜찮습니다.
다른 날로 미용 예약 일정을
변경하시겠어요?

(아뇨.) 제가 나중에 다시 전화해서
새로 예약할게요. 감사해요.

알겠습니다.

No worries. (흔히 고맙다는 말에 대한 대꾸로) 괜찮아요. 또는 천만에요. (위에서는 '알겠다'
는 대답으로 자연스럽게 해석)

Hello, I'm calling because
I'd like to ❶ _____ my hair appointment
❷ _____ tomorrow ❸ _____ 4 p.m.

Okay, let me see here.
Are you Abby?

Yes, that's me.
❹ _____ for giving such ❺ _____ .

That's alright.
Would you care to ❻ _____
your haircut for a different day?

I'll ❼ _____ to make a new
appointment. Thanks.

No worries.

:)   **answer**   ❶ cancel   ❷ for   ❸ at   ❹ Sorry OR I'm sorry

안녕하세요,
내일 오후 4시 미용 예약을
취소하고 싶어서 전화했어요.

네, 한번 (확인해) 볼게요.
Abby 님이신가요?

네, 그게 저예요.
너무 급하게 (취소)해서 죄송해요.

괜찮습니다.
다른 날로 미용 예약 일정을
변경하시겠어요?

(아뇨.) 제가 나중에 다시 전화해서
새로 예약할게요. 감사해요.

알겠습니다.

⑤ short notice   **⑥** reschedule   **⑦** call back

Video calling with a friend
친구와 영상 통화하기

요즘, 'video calling with a friend (친구와 영상 통화하기)'는 매우 흔한 일이죠. 친구와 멀리 떨어져 살고 있거나, 바빠서 자주 만나지 못할 때, 아니면 통화를 할 때 서로의 얼굴을 보는 걸 더 선호하기 때문에 우리는 영상 통화를 해요.

미국에서는 Apple사의 휴대 전화가 소위 '국민폰'이라서 사람들이 "Let's FaceTime. (영상 통화하자.)"이라고 자주 말해요. 마치, 온라인에서 무언가를 검색할 때 "Google it. (검색해 봐.)" 하고 말하는 것과 같죠.

그래서 이번 레슨에서는 (아마도) 그간 다뤄진 적 없는 **영상 통화를 하는 특수한 상황에 최적화된 표현**들을 배워 볼 거예요. **통화 연결 상태나 기술적 문제**에 대한 표현, **공유하는 영상(화면)**에 대한 표현, **영상 통화 기능**에 대한 표현을 순서대로 살펴볼게요! ☺

You froze.

(너) 화면이 멈췄어.

:

누군가와 영상 통화를 할 때 화면이 갑자기 멈춘다면 이 표현을 쓸 수 있어요. 'freeze'는 '얼다'라는 뜻 외에도 시스템 고장으로 컴퓨터 등의 화면이 멈추는 것, 또는 영화나 비디오 등의 영상을 일부러 정지시키는 것을 의미하기도 해요. 실시간으로 겪고 있는 상황이기 때문에 현재 시제를 써서 "You're frozen." 하고 말할 수도 있어요.

모든 종류의 영상 통화에서 사용 가능한 표현이고, 종종 소리도 함께 차단되지만 반드시 그런 경우를 나타내는 건 아니에요.

원어민 게이지 50%

무제한 LTE 가즈아   # 얼음땡 놀이는 영어로 'freeze tag'

당황 👍👍👍👍👍   표현력 👍👍👍👍👍   활용도 👍👍👍👍👍

더보기 ▼

The audio is cutting out.

오디오(소리)가 끊겨요.

It's (a little) glitchy.

화면이 (조금) 끊겨요.

.cut out (모터 · 엔진 등이) 갑자기 서다, 멎다   glitchy (기계 따위의) 상태가 나쁜 (주로 화면이 끊기는 경우를 나타냄. 주로 소리가 끊기는 경우에는 'choppy'를 씀)

Get a load of this (place)!
Isn't it beautiful?

여기 (이곳) 좀 봐! 아름답지 않니?

:

이 표현은 누군가에게 무언가를 보라고 말할 때 쓸 수 있는 일상적인 표현인데요. 영상 통화를 할 때에도 어떤 것을 보여 주며 말하기에 더없이 유용한 표현이지요. 'this'만 써서 관심을 끌 수도 있고, 'this' 뒤에 놀랍거나 대단한 것을 직접 언급할 수도 있어요.
친구에게 영상 통화를 하면서 무언가를 보여 줄 때 이렇게 한번 말해 보세요!

원어민 게이지 80%

좋은 건 따로 또 같이 (하트)   # 너무 자주 쓰면 반응이 시큰둥하게 될 수 있으니 주의

관심 👍👍👍👍👍   공감 👍👍👍👍👍   활용도 👍👍👍👍👍

더보기 ▼

Take a look at this!

이것 좀 봐!

Can you guess where I'm at?

내가 지금 어디에 있는지 알아? (맞춰 봐!)

---

get a load (of ~) (~을/를 좀) 보다   take a look (at ~) (~을/를 한번) 보다   guess 추측하다, 짐작하다, 알아맞히다 ('Can you guess ~?'는 맞춰 보라는 뉘앙스로 자연스럽게 '~ 알아?'라고 해석)

I'm going to change (back) to my front-facing camera.

전면 카메라로 (다시) 바꿀게요.

:

영상 통화를 할 때 전 · 후면 카메라를 왔다갔다 하며 사용하는 일은 흔하죠? 특히 전면 카메라를 주로 사용하기 때문에, 그런 상황에서 활용할 수 있는 표현이에요.
여기서 'back'을 쓰면 중간에 무언가를 보여 주기 위해 후면 카메라를 썼다가 '다시' 전면 카메라의 화면으로 되돌린다는 의미를 나타낼 수 있어요.

원어민 게이지 100%

'change'는 'switch'로 바꿔 쓸 수 있어요 # 후면 카메라는 'rear-facing camera'라고 해요

친절함 👍👍👍👍👍   표현력 👍👍👍👍👍   활용도 👍👍👍👍👍

더보기 ▼

Hang on. Let me rotate my screen.

잠깐만요. 화면을 돌려 볼게요.

Wait. I need to connect my earphones.

잠시만요. (블루투스) 이어폰을 연결해야 해요.

rotate 회전하다, 순환하다, 바꾸다   connect 연결하다 (무선인 블루투스 이어폰일 때 씀. 유선 이어폰을 연결할 때는 'plug in'을 사용)

Hey! Finally!
I've been asking you
to FaceTime for ages.
Wait, I think you're frozen.

Hey! Sorry.
It's a little glitchy.
Can you see me now?

It's better now,
but you sound far away.
Hang on. Let me connect my earphones.
Okay. That's better.
So, how's it going?

Good!
Wait. I'm going to change
to my rear-facing camera.
Get a load of this!
I came to the beach.

Wow! It's so beautiful!

sound (소리가) 들리다   far away 멀리 떨어져, 까마득히야! 드디어!
계속 내가 너한테 페이스타임 걸었었는데.
잠깐, (화면이) 멈춘 것 같아.

안녕! 미안.
연결이 좀 끊기네.
이제 내가 보여?

지금은 좀 나아졌는데,
네가 멀리서 (말하는 것처럼) 들려.
기다려 봐. 이어폰 연결할게.
좋아. 이게 낫네.
그래, 어떻게 지내?

좋아!
잠깐만.
후면 카메라로 바꿀게.
이것 봐!
난 해변에 왔어.

와! 너무 아름답다!

Hey! Finally!
I've been asking you
to FaceTime for ages.
Wait, I think you're ❶ _____.

Hey! Sorry.
It's a little ❷ _____.
Can you see me now?

It's better now,
but you sound far away.
Hang ❸ _____. Let me ❹ _____ my earphones.
Okay. That's better.
So, how's it going?

Good!
Wait. I'm going to ❺ _____
to my ❻ _____ camera.
Get a ❼ _____ of this!
I came to the beach.

Wow! It's so beautiful!

☺ answer ❶ frozen   ❷ glitchy OR choppy   ❸ on   ❹ connect OR plug in

야! 드디어!
계속 내가 너한테 페이스타임 걸었었는데.
잠깐, (화면이) 멈춘 것 같아.

안녕! 미안.
연결이 좀 끊기네.
이제 내가 보여?

지금은 좀 나아졌는데,
네가 멀리서 (말하는 것처럼) 들려.
기다려 봐. 이어폰 연결할게.
좋아. 이게 낫네.
그래, 어떻게 지내?

좋아!
잠깐만.
후면 카메라로 바꿀게.
이것 봐!
난 해변에 왔어.

와! 너무 아름답다!

❺ change OR switch   ❻ rear-facing   ❼ load

Inviting someone
초대하기

미국에는 **다양한 종류의 파티**가 있어요. 많은 사람들이 아파트보다 집(단독주택)에 살기 때문에 크고 작은 파티를 열고 '**Inviting someone (누군가를 초대하기)**' 가 더 쉽죠. 그중 특히 미국에서 쉽게 경험할 수 있지만, 한국에서는 보기 어려운 세 가지 파티에 대해 먼저 살펴볼게요.

'**Pool party (풀 파티)**'는 집에 있는 풀장에서 하는 파티로, 한국에서는 일부 호텔 에서 경험할 수 있어요. 재미있는 야외 게임도 하고, 종종 바비큐도 함께 즐겨요.

'**House party (하우스 파티)**'는 대학생이나 젊은 성인들을 위한 흔한 파티로, 많 은 사람들을 초대해 집 안에서 다같이 어울려 놀아요.

'**Potluck (포틀럭)**'은 손님들이 각자 음식을 가져 와서 다같이 나눠 먹는 파티로, 다 양한 음식을 경험할 수 있는 뷔페 같아서 재미있죠.

자, 그럼 이번 레슨에서는 이러한 **이벤트나 파티를 소개**하고, **초대**하고, 파티의 **자 세한 내용을 설명하는 방법**을 원어민의 표현으로 배워 볼게요! 😊

I'm having a party.

제가 파티를 열어요.

:

누군가에게 가벼운 행사나 파티를 한다고 알려 줄 때 쓸 수 있는 표현이에요. 'party' 대신 'get-together (친구들과 가지는 소규모 모임), housewarming (집들이), barbeque (바비큐 파티), pool party (풀 파티)' 등으로 그때그때 파티 종류에 맞춰 말할 수 있어요. 참고로, 'get-together'는 굉장히 편하게 모여 함께 보드 게임을 할 수도 있고, 가볍게 한 잔 걸치거나 영화를 볼 수도 있는 그런 친목회를 말해요.

원어민 게이지 50%

왠지 설렘이 느껴져 # 벌써부터 어깨가 들썩들썩 # 전 뭘 하면 되죠 # 이렇게 말하고 초대 안 하면 나빠

적극성 👍👍👍👍👍   자랑 👍👍👍👍👍   활용도 👍👍👍👍👍

더보기 ▼

I'm hosting a party.

제가 파티를 주최할 거예요.

I'm thinking of organizing a party.

파티를 열까 생각 중이에요.

have a party 파티를 열다   host a party 파티를 열다, 주최하다   organize a party 파티를 준비하다 (기획하고 꾸려 나가는 것에 초점을 맞춤. 해석할 땐 자연스럽게 '파티를 열다'라고 이해)

I was wondering if you would like to come.

혹시 (파티에) 오실 수 있는지 궁금해서요. (올래요?)

:

누군가를 초대하거나 함께 무언가를 하고자 제안할 때 쓸 수 있어요. 굉장히 부드럽고, 에둘러 말하는 표현이에요. 상대가 거절할까 봐, 또는 상대에게 부담을 주고 싶지 않아서 이렇게 말할 수 있어요.

원어민 게이지 80%

일상적인 대화 표현   # 격식을 차리는 상황에서도 쓸 수 있음   # '라면 먹고 갈래?'는 "I was wondering if you would like to come over?" 하고 말할 수 있음   # 'come' 대신 'join me/us'도 가능

배려 👍👍👍👍👍   조심성 👍👍👍👍👍   활용도 👍👍👍👍👍

더보기 ▼

I'd love it if you could come.

당신이 올 수 있다면 좋겠어요.

I was hoping you could make it.

와 주셨으면 좋겠어요.

I was wondering if ~. 혹시 ~인지 (궁금)해서요.   make it (모임 등에) 가다, 참석하다

Feel free to bring a plus one.

한 명 더 같이 와도 돼요.

:

이 표현은 여러분이 파티에 초대받을 때 자주 들을 수 있어요. 'a plus one'은 파티에 (추가로) 데려올 사람을 뜻해요. 파티를 연 사람과 아는 사이일 수도 아닐 수도 있죠. 일반적으로는 데이트 상대를 의미하지만, 그냥 친구를 데려오기도 해요.

모든 파티나 결혼식이 'plus one'이 가능한 것은 아니니 "Can I bring a plus one? (한 사람 더 같이 와도 될까요?)" 하고 먼저 물어 봐도 좋아요.

원어민 게이지 100%

\# 나만 친구 데려가니   \# 주의: 1+1 (원플원) 아님   \# 'guest list (손님 명단)'에는 없지만 친구 동반 괜찮아요

인심 👍👍👍👍👍   표현력 👍👍👍👍👍   활용도 👍👍👍👍👍

더보기 ▼

There's no need to bring anything.

아무것도 가져올 필요 없어요.

It's going to be a casual get-together.

가볍고 편한 모임이에요.

casual 격식을 차리지 않는, 평상시의, 비정기적인

133

Hey, Chris.
What are you doing this weekend?

No special plans yet.
Why do you ask?

I'm having a small get-together
at my house on Saturday night.
I was wondering if you'd like to come.

That sounds fun!
What kind of get-together will it be?

It's going to be a casual get-together.
We'll just eat some snacks
and play some board games.
I've prepared all the snacks,
so just bring yourself!

Perfect!
Anyway, thanks for inviting me.

Just (bring) yourself. 그냥 몸만 오세요. (아무것도 가져오지 않아도 된다는 의미)

Chris, 안녕하세요.
이번 주말에 뭐 할 거예요?

아직 특별한 계획은 없어요.
왜요?

토요일 밤에 저희 집에서
조촐한 모임을 가질 거예요.
혹시 올 수 있는지 궁금해서요.

그거 재미있겠어요!
어떤 모임이에요?

가벼운 모임이에요.
우리끼리 그냥 간식 좀 먹으면서
보드 게임이나 하려고요.
제가 간식을 다 준비했으니까,
그냥 몸만 오세요!

너무 좋아요!
어쨌든, 불러 줘서 고마워요.

Hey, Chris.
What are you doing this weekend?

No special plans yet.
Why do you ask?

I'm having a small **❶** _____
at my house on Saturday night.
I was **❷** _____ you'd like to come.

That sounds fun!
What kind of get-together will it be?

It's going to be a **❸** _____ get-together.
We'll just eat some snacks
and play some board games.
I've prepared all the snacks,
so just **❹** _____ yourself!

Perfect!
Anyway, thanks for inviting me.

 answer ❶ get-together ❷ wondering if ❸ casual ❹ bring

Chris, 안녕하세요.
이번 주말에 뭐 할 거예요?

아직 특별한 계획은 없어요.
왜요?

토요일 밤에 저희 집에서
조촐한 모임을 가질 거예요.
혹시 올 수 있는지 궁금해서요.

그거 재미있겠어요!
어떤 모임이에요?

가벼운 모임이에요.
우리끼리 그냥 간식 좀 먹으면서
보드 게임이나 하려고요.
제가 간식을 다 준비했으니까,
그냥 몸만 오세요!

너무 좋아요!
어쨌든, 불러 줘서 고마워요.

Lesson

16~20

Accepting an invitation

초대에 응하기

'**Accepting an invitation (초대에 응하기)**' **방식은 다양**해요. 직접 대화를 하다가 초대를 받았다면 바로 수락할 수도 있고, 나중에 따로 연락해서 수락할 수도 있어요. 또는 초대장을 받아서 메일 · 이메일 · 문자 메시지 등을 통해 초대에 응하는 방법도 있죠.

결혼식처럼 격식을 갖춘 파티의 경우, 초대장에 '**RSVP**'라는 말과 함께 날짜가 표시되어 있을 가능성이 높아요. 'RSVP'는 영어로 '**Please reply. (답장해 주세요.)**'라는 뜻의 프랑스어 'répondez s'il vous plaît.'에서 따온 말이에요. 파티 전에 호스트에게 답변을 주면 주최 측에서 게스트를 위한 자리나 식사를 준비해요. 그러니 만약 아무런 **답을 하지 않고** 행사에 불쑥 **나타난다면** 굉장히 **실례**가 되겠죠?

자, 이제 초대에 답하는 것이 왜 중요한지 이해했으니, **격식을 갖춰** 초대에 응하는 방법, **캐주얼하게** 초대에 응하는 방법, 그리고 **임시로 초대를 수락하는 방법**에 대해 배워 볼게요! ☺

Thank you very much for inviting me.

초대해 주셔서 대단히 감사합니다.

:

초대를 받았을 때 가장 먼저 초대에 감사를 표하는, 형식적이지만 매우 공손한 표현이에요.
파티에 처음 도착했을 때 또는 마지막에 자리를 뜰 때도 '(once) again'을 덧붙여
"Thank you (once) again for inviting me. (초대해 주셔서 다시 한 번 감사드려요.)"
하고 인사할 수 있어요.

원어민 게이지 50%

'me' 대신 'us'를 써서 동행한 사람들을 대표해 인사할 수 있음   # 감사 인사는 여러 번 해도 No 부족

정중함 👍👍👍👍👍   형식적 👍👍👍👍👍   활용도 👍👍👍👍👍

더보기 ▼

I'd like very much to attend (your wedding).

(결혼식에) 꼭 참석하고 싶습니다.

It would be my pleasure.

(초대해 주셔서) 제가 감사하죠.

invite 초대하다, 초청하다   attend 참석하다   It would be my pleasure. 천만에요.
(감사 인사에 답하는 말로, 위에서는 참석해 줘서 감사하다는 호스트의 인사말에 대한 참석자의
답변)

I wouldn't miss it for the world.

무조건 참석할게요. (무슨 일이 있어도 그걸 놓치지 않을게요.)

:

이 표현은 초대를 받고 얼마나 기대되고 신이 나는지 보여 주는 좋은 방법이에요. 여러분이 만약 이 표현을 쓴다면, 초대한 사람은 자신의 파티가 여러분에게 매우 중요하다는 느낌을 받을 거예요. 무슨 일이 있어도 꼭 참석하겠다는 뜻이거든요. 많은 감정이 드러나는 표현이기 때문에 더 캐주얼하게 쓰여요.

원어민 게이지 80%

사적으로 쓰기 좋은 표현 # 하늘이 두 쪽 나도 참석입니다 # 투명 의자에라도 앉을게요 # 드릉드릉

다정함 👍👍👍👍👍   진실함 👍👍👍👍👍   활용도 👍👍👍👍👍

더보기 ▼

Of course, I'll be there.

물론이죠. (당연히) 참석할게요.

I would love to go.

가고 싶어요. (참석하고 싶어요.)

for the world (주로 부정어와 함께) 무슨 일이 있어도

Thanks for thinking of me. I (think I) can stop by for a bit.

생각해 줘서 고마워요. 잠깐 들를 수 있을 것 같아요.

:

부드럽게 초대에 응하는 방법 중 하나로, 파티 내내 함께할 수 있을지는 확실하지 않지만 짧은 시간이라도 내 오려고 할 때 이렇게 말해요.

여기서 'stop by'는 해당 표현이 전반적으로 캐주얼하다는 느낌을 줘요. 그래서 위와 같이 감사 인사말을 앞에 덧붙이면 공손한 뉘앙스도 함께 줄 수 있어 좋아요.

원어민 게이지 100%

바쁜 척 금지 # 진짜 바쁜데 겸손하게 말하는 표현

캐주얼 👍👍👍👍👍   성의 👍👍👍👍👍   활용도 👍👍👍👍👍

더보기 ▼

Thanks for the invitation. I'm pretty sure I can come(, but can I let you know later?).

초대해 줘서 고마워요. 갈 수 있을 거 같긴 한데요. (혹시 나중에 알려 드려도 될까요?)

That's so kind of you. I might be a little late, but I'll try to be there.

감사해요. 조금 늦을지도 모르지만, 가도록 노력할게요.

---

stop by (특별한 이유가 있어 시간을 내어) 들르다   pretty 꽤, 어느 정도, 아주, 매우
That's so kind of you. 참 친절하시네요. (위에서는 초대해 준 데 감사를 나타내는 표현으로 활용)

I would really love it
if you could come to my graduation party.
It should be a lot of fun.

Of course, I'll be there.
I wouldn't miss if for the world!
I am so proud of you. I can't believe
you are already graduating college.
You're all grown up.

I know. It's so weird.
Now, I have to go out
into the real world and get a job.
Again, I really hope you can make it
to my party.
Feel free to bring anyone you want.

That's so kind of you.
I will definitely stop by for a bit.

...

It should be (a lot of) fun. (아주) 재미있을 거예요. ('should'는 70% 정도의 확신을 나타냄)

제 졸업 파티에 와 주신다면
정말 좋겠어요.
아주 재미있을 거예요.

물론이지, 갈게.
무슨 일이 있어도 (파티를) 놓치지 않으마!
정말 자랑스럽네. 네가 벌써
대학을 졸업하다니 믿을 수가 없어.
이제 다 컸구나.

그러니까요. 너무 이상해요.
이제 사회에 나가서
취업을 해야 해요.
다시 한 번 말씀드리지만,
제 파티에 꼭 와 주셨음 좋겠어요.
다른 분이랑 함께 오셔도 돼요.

그것 참 사려 깊구나.
잠시라도 꼭 들를게.

go out into the real world 사회에 나가다 (직역하면 '현실 세계로 나가다'이지만 맥락상
자연스럽게 해석)

I would really love it
if you could come to my graduation party.
It should be a lot of fun.

Of course, I'll ❶⬚⬚⬚⬚.
I wouldn't ❷⬚⬚⬚⬚ the world!
I am so proud of you. I can't believe
you are already graduating college.
You're all grown up.

I know. It's so weird.
Now, I have to go out
into the real world and get a job.
Again, I really hope you can make it
to my party.
Feel free to bring anyone you want.

That's ❸⬚⬚⬚⬚ you.
I will definitely ❹⬚⬚⬚⬚ for a bit.

answer ❶ be there ❷ miss it for ❸ so kind of ❹ stop by

제 졸업 파티에 와 주신다면
정말 좋겠어요.
아주 재미있을 거예요.

물론이지, 갈게.
무슨 일이 있어도 (파티를) 놓치지 않으마!
정말 자랑스럽네. 네가 벌써
대학을 졸업하다니 믿을 수가 없어.
이제 다 컸구나.

그러니까요. 너무 이상해요.
이제 사회에 나가서
취업을 해야 해요.
다시 한 번 말씀드리지만,
제 파티에 꼭 와 주셨음 좋겠어요.
다른 분이랑 함께 오셔도 돼요.

그것 참 사려 깊구나.
잠시라도 꼭 들를게.

Declining
an invitation
초대 거절하기

'Declining an invitation (초대를 거절하기)'란 조금 어색하고 불편할 수 있어요. '초대'라는 호의에 당연히 미안할 수 있죠. 그래서 이번 레슨에서는 초대를 잘 거절하는 방법에 대해 배울 거예요.

초대를 거절할 때, 여러분이 **초대에 우선 감사**해하고 참석할 수 있길 바란다고 알리는 것은 거절을 더욱 정중하게 할 수 있는 방법 중 하나예요. 그리고 비록 구체적이지 않더라도, 참석하지 못하는 **사정을 밝히는 것은 예의 바른 태도**예요. 그래서 이유를 말해 주지 않고 초대를 거절한다면, 꽤 무례한 사람으로 비춰질 수 있어요. 또는 초대해 준 사람에게 어떤 식으로든 **보상하겠다고 제안**하는 방법도 있어요. 한국에서 "미안. 내가 다음에 밥 살게!" 하는 식인 거죠.

그럼, 이제 **초대를 공식적으로 거절**하고, **캐주얼한 초대를 거절**하고, **잠정적으로 초대를 거절하는 방법**에 대해 순서대로 살펴 볼게요! 😊

I wish I could come, but I have a prior engagement.

저도 갈 수 있으면 좋겠는데, 선약이 있어요.

:

참석하고 싶은 마음은 있지만, 그럴 수 없다고 상대방에게 알려 주는 표현이에요. 'prior engagement (선약)'라는 단어를 써서 더 격식을 차린 듯한 뉘앙스를 줘요. 너무 구체적이지 않으면서 초대를 거절할 수 밖에 없는 이유를 제시할 수 있어 아주 좋은 표현이에요.

원어민 게이지 50%

가고 싶지만 그럴 수 없는 내 맘 들리니 # 다소 형식적인 거절의 표현처럼 들릴 수도 있어요

예의 바름 👍👍👍👍👍   구체적 👍👍👍👍👍   활용도 👍👍👍👍👍

더보기 ▼

Unfortunately, I am not able to come. (I'll be away on vacation then.)

유감스럽게도 저는 갈 수 없을 것 같아요. (그때 휴가를 떠나요.)

I'm afraid I won't be able to attend. (I'll be away on a business trip then.)

유감스럽지만 참석하지 못할 것 같아요. (그때 출장을 가요.)

be away 떨어져 있다, 부재 중이다   I'm afraid (that) ~. (유감스러운 내용을 말할 때 예의상 덧붙여) ~할 것 같아요, 유감이지만 ~이에요.

I appreciate the invite, but I can't come. (I already have plans.)

초대해 줘서 고마운데, 전 갈 수 없을 거 같아요. (이미 약속이 있어요.)

:

초대를 받았을 때 먼저 감사를 표현하고, 그 다음 초대를 거절하는 일상적인 표현이에요. 'invite (초대)'는 'invitation (초대)'을 뜻하는 좀 더 캐주얼한 단어지요. 여기에 'I already have plans. (선약이 있어요.)'와 같이 참석하지 못하는 이유를 덧붙여 설명하면 더욱 예의 바른 표현이 될 거예요.

원어민 게이지 80%

구체적인 세부 사항을 굳이 말하고 싶지 않을 때 쓰기 좋은 표현   # 쿨워터향을 곁들인 감사와 거절의 콜라보

캐주얼 👍👍👍👍👍   성의 👍👍👍👍👍   활용도 👍👍👍👍👍

더보기 ▼

I'm sorry I can't make it. (It's my brother's birthday that day.)

죄송하지만 못 갈 것 같아요. (그날이 제 남동생 생일이라서요.)

It's a shame I can't be there. (I have to go to my son's PTA meeting.)

갈 수 없을 것 같아서 아쉬워요. (아들의 PTA 모임에 가야 하거든요.)

---

have plans 선약이 있다   make it (모임 등에) 가다, 참석하다   shame 애석한 일, 아쉬운 일   PTA(parent-teacher association) 학부모회, 사친회

If I can't come, I will definitely make it up to you (another time).

제가 못 가게 되면, 꼭 (나중에) 만회할게요.

:

여러분이 (확실하진 않지만) 초대받은 이벤트에 참석하지 못할 것 같으면, 이 표현을 활용해 보세요. 'make it up'은 '(손해 따위를) 보상하다, (실수 등을) 만회하다'라는 의미로, 여기서는 이벤트에 참석하지 못하는 대신 축하하기 위해 무언가를 나중에 하겠다는 언약이에요. 저녁을 대접한다거나 또는 커피를 살 수도 있겠죠?

원어민 게이지 100%

빈말 금지 # 'make it up' 표현 자체가 이 말을 주고받는 우리가 가까운 사이라는 걸 의미해요

캐주얼 👍👍👍👍👍   의지 👍👍👍👍👍   활용도 👍👍👍👍👍

더보기 ▼

I would love to go, but I'm not sure if I can. Can I check my schedule and get back to you?

가고 싶지만, 갈 수 있을지 모르겠어요. 일정 확인해 보고 다시 연락드려도 될까요?

I'm not sure whether I can come or not, but I'll let you know (as soon as I can).

제가 올 수 있을지는 잘 모르겠지만, (가능한 한 빨리) 알려 드릴게요.

definitely 분명히, 틀림없이, 절대로, 꼭   another time 나중에, 다음에

I really appreciate
the invitation, Robert.
But I'm afraid I won't be able
to attend your dinner party.
I'll be away on vacation then.

That's a shame
you won't be able to join us.
However, I'm glad to hear
you'll be enjoying a vacation soon.

Thanks for understanding.
I'll make sure to make it up to you
and I hope you invite me again
if you have another dinner party.

Of course. Enjoy your vacation and
let's meet when you come back.
I'm looking forward to hearing
all about it.

I'm looking forward to it, too.

...

attend 참석하다   look forward to ~ ~을/를 기대하다, 즐거운 마음으로 기다리다

초대해 주셔서
정말 감사합니다, Robert.
그런데 유감스럽게도 제가 디너 파티에
참석하지 못할 것 같아요.
그때 휴가를 가거든요.

함께할 수 없다니
너무 아쉬워요.
그치만, 곧 휴가를
즐기시게 된다니 좋네요.

이해해 주셔서 감사해요.
제가 꼭 만회할게요.
그리고 혹시 또 디너 파티를 여신다면
절 다시 한번 초대해 주세요.

물론이죠. 휴가 잘 보내고
돌아오면 만나자고요.
휴가에 대해 전부
듣게 되길 기대할게요 .

저도요.

퀴즈 플레이

I really ❶ ______
the ❷ ______, Robert.
But I'm ❸ ______ I won't be ❹ ______
to attend your dinner party.
I'll be ❺ ______ vacation then.

That's a ❻ ______
you won't be able to join us.
However, I'm glad to hear
you'll be enjoying a vacation soon.

Thanks for understanding.
I'll make sure to ❼ ______ it ❽ ______ to you
and I hope you invite me again
if you have another dinner party.

Of course. Enjoy your vacation and
let's meet when you come back.
I'm looking forward to hearing
all about it.

I'm looking forward to it, too.

answer ❶ appreciate ❷ invitation OR invite ❸ afraid ❹ able

초대해 주셔서
정말 감사합니다, Robert.
그런데 유감스럽게도 제가 디너 파티에
참석하지 못할 것 같아요.
그때 휴가를 가거든요.

함께할 수 없다니
너무 아쉬워요.
그치만, 곧 휴가를
즐기시게 된다니 좋네요

이해해 주셔서 감사해요.
제가 꼭 만회할게요.
그리고 혹시 또 디너 파티를 여신다면
절 다시 한번 초대해 주세요.

물론이죠. 휴가 잘 보내고
돌아오면 만나자고요.
휴가에 대해 전부
듣게 되길 기대할게요.

저도요.

❺ away on   **❻** shame   **❼** make   **❽** up

Attending a wedding
결혼식 참석하기

미국의 결혼식은 한국의 결혼식과 매우 달라요. 축의금 말고 결혼 축하 선물을 주는 것부터 최소 5시간 이상 진행하는 결혼식 소요 시간까지, 그 차이가 확연하죠! 그래서 **'attending a wedding (결혼식 참석하기)'**와 관련된 표현을 알아 두는 것이 중요해요.

미국에서는 종종 결혼식 날짜를 1년 전에 미리 모두에게 알려 주는데요. 이는 **'save-the-date'**라고 해서 정식 청첩장이 나오기 전에 정해진 결혼식 날짜만 공지하는 거예요. 그런 다음 결혼식 두 달 전에 정식 청첩장을 나눠 줘요. 거기엔 드레스 코드, 장소, 시간, 음식 준비 등에 대한 정보가 기재되어 있어요. 초대를 받았다면, 'RSVP'에 대해 꼭 답하는 것이 예의예요. 혼자 올 건지 아니면 일행과 함께 올 것인지도 정확히 말해 줘야 하죠. 결혼식에는 좌석표가 있고, 음식은 종종 정확히 참석 인원 수에 맞춰 준비되기 때문이에요.

자, 그럼 이런 문화적 차이에 유의하면서, **결혼식 전 할 수 있는 질문, 예비 신부 · 신랑과 나눌 수 있는 대화 표현**, 그리고 **결혼식에 대해 칭찬하는 표현**을 배워 보아요! ☺

Where are you registered?

어디에 등록했어요? (어느 상점/사이트에 등록했어요?)

:

미국에서는 최근 들어 축의금을 주는 경우가 잦아지긴 했지만, 주로 축의금 대신 선물을 하는 편이에요. 보통은 예비 부부가 한 곳 이상의 상점(사이트)에 등록해서, 선물로 받고 싶은 물품들을 (장바구니) 목록에 담아 두는데요. 이 목록을 통해 하객들은 다른 하객이 이미 예비 부부를 위해 구매한 물건도 알 수 있어요. 예비 부부가 사용할 수 없거나 필요하지 않은 선물을 하는 난감한 상황이 생기지 않아 좋은 방법이에요! 그래서 미국 결혼식에 초대된다면, 꼭 이 표현을 통해 살 수 있는 선물을 확인할 수 있도록 해요.

원어민 게이지 50%

'wedding registry (예비 부부가 직접 골라 담는 결혼식 선물 리스트)' # "What do you want as a wedding gift? (결혼 선물로 뭐 받고 싶어요?)" 하고 직접 묻기도 함 # 마음을 담아 살림살이에 보탬이 되는 선물로 pick!

준비성 👍👍👍👍👍   문화적 👍👍👍👍👍   활용도 👍👍👍👍👍

더보기 ▼

When does the reception start?

리셉션은 언제 시작하나요? (2부는 언제 시작하나요?)

What's the dress code?

드레스 코드가 뭐예요? (복장 규정이 있나요?)

---

reception 리셉션, 결혼식 축하 연회 (미국 결혼식은 일반적으로 결혼식과 리셉션 2부로 나눠서 매우 길고 오래 진행하므로, 한 파트만 참석할 경우 시작 또는 끝나는 시간을 흔하게 물어봄)

I'm so happy that you met the one.

진정한 짝을 만난 것 같아 내가 다 행복하네요.

⋮

결혼하는 지인의 배우자를 칭찬하는 좋은 표현이에요. 'the one' 대신 'Ms. Right' 또는 'Mr. Right'이라고 배우자를 표현할 수도 있어요. 모두 지인(친구)에게 잘 어울리는 사람이라고 생각한다는 의미예요. 이런 칭찬은 정말 진심으로 들릴 거예요!

원어민 게이지 80%

'My Mr./Ms. Right'은 어디에   # 오른쪽-왼쪽 할 때 'right' 아님 주의   # 'Ms.'는 'Miss.'로도 쓸 수 있음

비유적 👍👍👍👍👍   칭찬 👍👍👍👍👍   활용도 👍👍👍👍👍

더보기 ▼

I'm so glad to see you settling down with your better half.

당신이 과분한 배우자와 함께하게 된 것을 보니 정말 기쁘네요. (웃음)

Who popped the question?

누가 프로포즈(청혼) 했어요?

settle down 정착하다 (위에서는 '함께하다, 가정을 꾸리다'의 의미로 자연스럽게 해석)
one's better half ~의 과분한 반쪽, 배우자 (주로 지인의 배우자를 오히려 더 높여 칭찬하는 유머러스한 표현으로 씀)

Congratulations on tying the knot!

결혼 축하해요!

:

'tie the knot'은 '결혼하다'라는 의미의 관용구예요. 결혼을 축하할 때 원어민들은 흔하게 쓰는 표현이에요. 매우 자연스럽지만 좀 더 캐주얼한 뉘앙스를 주고요.
정중하게 축하하고 싶다면 "Congratulations on your wedding! (결혼을 축하드려요!)" 하고 말하면 돼요.

원어민 게이지 100%

중세 시대 언젠가 결혼할 때 신랑 · 신부 손을 같이 묶은 데서 유래 # 결혼은 마치 'a three-legged race (2인 삼각 경기)'

쾌활함 👍👍👍👍👍   표현력 👍👍👍👍👍   활용도 👍👍👍👍👍

더보기 ▼

The reception was a lot of fun.

리셉션 너무 재밌었어요.

You both look stunning.

둘 다 완전 멋져요.

a lot of fun 너무 재미있는 (리셉션에 대한 칭찬을 할 때만 씀. 일반적으로 결혼식은 진지하기 때문에 'beautiful (아름다운), lovely (사랑스러운)' 등의 표현을 써서 칭찬)　　stunning 굉장히 아름다운, 멋진

Congratulations on your engagement!
And thank you so much
for inviting me to your wedding.
Where are you registered?

We're not registered anywhere.
Instead, we are asking our guests
to make a donation to a charity we chose.

That's so beautiful and meaningful.
I'm so happy that you met the one.
I have to hear the proposal story.
Who popped the question?

It's kind of a long story,
but he popped the question
at our favorite hiking trail.
It was perfect.

Sounds so romantic!
You are perfect for each other.

...

make a donation (to ~) (~에) 기부하다   charity 자선단체   hiking trail 등산로

약혼 축하해요!
그리고 결혼식에 초대해 줘서
정말 고마워요.
어디에 등록했어요?

저희는 아무 곳에도 등록 안 했어요.
대신, 하객분들께 저희가 고른 자선단체에
기부를 해 달라고 부탁했어요.

그것 참 아름답고 의미 있네요.
당신이 진정한 짝을 만난 것 같아서 너무 좋아요.
전 프로포즈 이야기를 좀 들어야겠어요.
누가 청혼한 거예요?

말하자면 좀 긴데,
저희 둘이 가장 좋아하는 등산로에서
그가 (깜짝) 프로포즈를 했어요.
완벽했죠.

너무 낭만적이네요!
(그리고) 두 분 정말 잘 어울려요.

❶ _____ on your engagement!
And thank you so much
for inviting me to your wedding.
Where are you ❷ _____?

We're not registered anywhere.
Instead, we are asking our guests
to make a donation to a charity we chose.

That's so beautiful and meaningful.
I'm so happy that you met ❸ _____.
I have to hear the proposal story.
Who ❹ _____ the question?

It's kind of a long story,
but he popped the question
at our favorite hiking trail.
It was perfect.

Sounds so romantic!
You are ❺ _____ for each other.

🙂 **answer** ❶ Congratulations ❷ registered

약혼 축하해요!
그리고 결혼식에 초대해 줘서
정말 고마워요.
어디에 등록했어요?

저희는 아무 곳에도 등록 안 했어요.
대신, 하객분들께 저희가 고른 자선단체에
기부를 해 달라고 부탁했어요.

그것 참 아름답고 의미 있네요.
당신이 진정한 짝을 만난 것 같아서 너무 좋아요.
전 프로포즈 이야기를 좀 들어야겠어요.
누가 청혼한 거예요?

말하자면 좀 긴데,
저희 둘이 가장 좋아하는 등산로에서
그가 (깜짝) 프로포즈를 했어요.
완벽했죠.

너무 낭만적이네요!
(그리고) 두 분 정말 잘 어울려요.

❸ the one OR Mr. Right OR Ms. Right OR Miss Right ❹ popped ❺ perfect

Attending a funeral
문상 가기

'**Attending a funeral (문상 가기)**'와 관련된 표현을 배워 보기 전에 먼저 미국의 장례식에 대해 간단히 살펴볼게요.

미국에서는 종종 'funeral home (장례식장)'에서 장례를 치러요. 'funeral home'은 한국처럼 병원과 연계되어 있지 않지만, 유족이 망자를 기릴 수 있는 많은 서비스를 제공해요. 아니면 'cemetery (묘지)'나 'church (교회)'에서 장례식을 치르죠.

'cremation (화장)'을 하면 주로 재를 어딘가에 뿌리거나 재가 담긴 항아리를 'columbarium (유골 안치소)'에 보관해요. 'burial (토장)'의 경우 'cemetery (묘지)'로 가 시신을 안치하고, 가족 · 친지가 함께 장례식을 지켜보게 돼요.

조문객들은 'bereaved family (유가족)'에게 꽃과 위로의 말을 건네고, 그들을 위해 음식을 만들기도 해요. 그리고 유가족은 조의금 대신 고인이 아끼던 자선단체에 기부를 하도록 조문객들에게 부탁할 때도 있어요.

자, 이러한 미국의 장례 문화를 어느 정도 알아보았으니 이번 레슨에서는 **유가족을 위로하고, 도움을 주고, 고인을 기리는 방법**에 대해 배워 볼게요! 😊

I'm sorry for your loss.

삼가 조의를 표합니다.

:

이 표현은 문상을 갔을 때 쓸 수 있는 가장 기본이 되는 표현이에요. 여러분이 고인뿐 아니라 유가족과 아는 사이일 때도 사용할 수 있어요. 같이 일했던 동료의 가족에게 또는 친구의 가족에게 이 표현을 쓸 수 있어요.

원어민 게이지 50%

애석함은 말로 다 표현할 수 없어요 # 가장 중요한 건 진심으로 위로하는 마음

슬픔 👍👍👍👍👍 위로 👍👍👍👍👍 활용도 👍👍👍👍👍

더보기 ▼

I'm so sorry to hear about A.

A(이름) 일은 정말 유감이에요.

Please accept my sympathies.

애도의 뜻을 전합니다.

accept somebody's sympathy ~의 동정을 받아들이다 → 애도의 뜻을 전해 받다 (조문 시 애도의 뜻을 표할 때 씀. 글로 쓸 때는 뒤에 'on the passing of A'를 붙이면 'A(이름)가 돌아가신 것에 대해'라는 뜻이며, 더 격식을 차리는 뉘앙스를 줌)

I'm here if you need me.

도움이 필요하면 (언제든) 말씀만 하세요.

:

슬픔에 빠진 유가족에게 어떤 식으로든 도움을 주고 싶을 때 이 표현을 사용할 수 있어요. 실질적인 도움을 주길 원할 때는 구체적으로 "I'd love to help you do anything you need to do around the house. (집에서 해야 하는 일 같은 거 무엇이든 돕고 싶어요.)" 하고 말할 수도 있어요. 상을 치르는 동안 처리할 집안일 등을 대신 해 주고 싶다는 뜻인데, 유가족의 집에 드나드는 게 편한 사이임을 알 수 있죠.

원어민 게이지 80%

함께 있어 줄 수 있어 다행이에요   # 어떤 식으로든 제가 돕고 싶어요

배려 👍👍👍👍👍   의지 👍👍👍👍👍   활용도 👍👍👍👍👍

더보기 ▼

When you are feeling up to it, I'd like to treat you to a meal.

당신만 괜찮다면, 제가 한끼 대접하고 싶어요.

Is it okay if I stop by with a meal tomorrow for dinner?

내일 저녁 식사만 챙겨 주게 잠깐 들러도 될까요?

feel up to ~ ~이 가능하다고 생각하다 (= feel capable of ~)

A was near and dear to many. She/He will live on in our memories forever.

많은 이들에게 A(이름)는 가깝고 소중한 사람이었어요.
그 사람은 우리 기억 속에 영원히 살아 있을 거예요.

:

'near and dear (가깝고 소중한)'는 중요한 누군가를 묘사할 때 원어민이 흔히 쓰는 표현이에요. 'live on in somebody's memories (기억 속에 살다)' 역시 고인을 계속해서 그리며 기억하겠다는 마음을 표현하는 아름다운 방법 중 하나예요.

원어민 게이지 100%

"Sorry for your loss. (삼가 조의를 표합니다.)"를 넘어 서는 표현 # 애도를 더욱 따뜻하고 진실되게!
'memories (기억)'대신 'heart(s) (가슴)'이라고 말할 수도 있어요

추모 👍👍👍👍👍   표현력 👍👍👍👍👍   활용도 👍👍👍👍👍

더보기 ▼

She/He will be greatly missed.

그분이 아주 많이 그리울 거예요.

It was an honor to know her/him.

그분을 알게 되어 영광이었어요.

---

greatly 대단히, 크게   honor 명예, 영광, 특권

I'm so sorry for your loss.
Please accept my sympathies.

Thank you.
That means a lot.

Beatrice was near and dear to many.
She will live on in our memories forever.
It was truly an honor to know her.

Yes, she was like a shining light.
Thank you for your kind words.

I'm here if you need me.
I'd love to help you do anything
you need to do around the house
during this time of grief.

I'll let you know if I need anything.
Thanks again.

truly 진심으로, 정말로　　shining 빛이 나는, 반짝이는, 밝은　　grief 비탄, 비통, 큰 슬픔

상심이 얼마나 크실지.
삼가 조의를 표합니다.

감사해요.
제게 큰 위로가 돼요.

Beatrice는 많은 이들에게 가깝고 소중한 사람이었어요.
그녀는 우리 기억 속에 영원히 살아 있을 거예요.
그녀를 알게 되어 정말 영광이었어요.

네, 그녀는 마치 반짝이는 빛 같았죠.
친절한 말씀 감사해요.

(혹시) 제가 필요하면 말씀하세요.
(상 치르는) 애도 기간 동안
집에서 해야 될 일들을
제가 도와 드리고 싶어요.

필요한 게 있으면 말씀드릴게요.
다시 한 번 감사드려요.

...

I'm so sorry for ❶   .
Please accept my ❷   .

Thank you.
That means a lot.

Beatrice was ❸   to many.
She will ❹   on in our ❺   forever.
It was truly an ❻   to know her.

Yes, she was like a shining light.
Thank you for your kind words.

I'm ❼   if you need me.
I'd love to help you do anything
you need to do around the house
during this time of grief.

I'll let you know if I need anything.
Thanks again.

🙂   **answer** ❶ your loss   ❷ sympathies OR condolences   ❸ near and dear

상심이 얼마나 크실지.
삼가 조의를 표합니다.

감사해요.
제게 큰 위로가 돼요.

Beatrice는 많은 이들에게 가깝고 소중한 사람이었어요.
그녀는 우리 기억 속에 영원히 살아 있을 거예요.
그녀를 알게 되어 정말 영광이었어요.

네, 그녀는 마치 반짝이는 빛 같았죠.
친철한 말씀 감사해요.

(혹시) 제가 필요하면 말씀하세요.
(상 치르는) 애도 기간 동안
집에서 해야 될 일들을
제가 도와 드리고 싶어요.

필요한 게 있으면 말씀드릴게요.
다시 한 번 감사드려요.

❹ live   ❺ memories OR hearts   ❻ honor   ❼ here

Lesson
20

Going to a birthday party
생일 파티 가기

미국에서는 특정한 나이가 중요한 생일이 있어요. 예를 들어, 16세가 되면 법적으로 운전을 하고 일을 할 수 있어요. 18세가 되면 투표를 하고 복권과 담배를 살 수 있고, 21세가 되면 합법적으로 술을 마실 수 있죠. 그 외에는 30, 40, 50세 등 매 10년 주기로 나이에 큰 의미를 부여해요.

'Going to a birthday party (생일 파티에 가는 것)'은 그래서 중요하죠! 우리도 이제 "Happy Birthday! (생일 축하해요!)" 하고 말하는 것을 넘어설 때가 됐어요. 인생의 중요한 나이를 축하하는 표현을 센스 있게 사용할 수 있다면, 상대방에게 큰 호감을 살 수도 있고 더 좋은 관계로 발전할 수도 있으니까요.

참고로, 'Happy Birthday. (생일 축하해요.)'라는 말은 인사말로 글을 적거나 말로 할 때는 두 단어 모두 첫 알파벳을 대문자로 써요. 단, 문장의 일부일 때는 그럴 필요가 없지요.

e.g. I wish you a happy birthday and many more.
생일 축하하고, 행복했으면 좋겠어요.

자, 그럼 이번 레슨에서는 더 매너를 갖추고 진심을 가득 담아 전달할 수 있는 **생일 축하 표현**, 생일 파티를 준비할 때 쓸 수 있는 표현, 그리고 **생일을 맞은 사람에게 할 수 있는 칭찬 표현**을 배워 볼게요! 😊

I hope you have a fantastic (birth)day and a fantastic year to come.

멋진 하루(생일), 또 멋진 한 해가 되길 바랄게요.

:

식상하지 않게 생일을 축하하는 아주 훌륭한 표현이에요. 격식을 차리는 뉘앙스를 줘서 메시지나 편지에 이 문구를 쓰기도 좋죠.
'and a fantastic year to come (그리고 멋진 한 해)'은 생일을 맞은 해를 응원하는 의미까지 있어, 조금 격식을 차리는 듯해도 친구들 사이에서 사용할 수 있어요.

원어민 게이지 50%

"Happy Birthday! (생일 축하합니다!)" 말고도 할 수 있는 말이 있었다니! # 생일 전이나 생일날 직접 얘기해도 돼요.

소망 👍👍👍👍👍   격식적 👍👍👍👍👍   활용도 👍👍👍👍👍

더보기 ▼

I wish you all the best on your special day.

좋은 일만 가득한 특별한 날이 되길 바랄게요.

May your birthday be filled with joy and laughter.

기쁨과 웃음으로 가득한 생일이 되길 바랄게요.

I wish you all the best. 좋은 일만 가득하길 바랄게요. (덕담으로 주로 새해, 연말연시 등 활용)
be filled with ~ ~(으)로 가득하다

You only turn 30 once.
We have to celebrate!

서른 살은 한 번뿐이에요. 축하해야죠!

:

미국에서 특히 중요하게 생각하는 나이의 생일을 크게 기념한다는 말 기억하나요? 그럴 때 쓰기 좋은 표현이에요! 물론, 인생에서 모든 나이는 단 한 번밖에 경험할 수 없기 때문에 모든 생일을 특별하게 여기기 위해 이 표현을 사용할 수 있어요.

원어민 게이지 80%

나이가 많아도, 나이가 적어도 생일은 특별한 걸요! # 저 축하하기 딱 좋은 날이네

직접적 👍👍👍👍👍   격식적 👍👍👍👍👍   활용도 👍👍👍👍👍

더보기 ▼

Let's throw a surprise birthday party (for Tommy).

(Tommy를 위해) 깜짝 생일 파티를 열자고요.

I want to go all out and plan the best birthday bash she's/he's ever had.

전력을 다해서 그 친구가 경험해 본 큰 생일 파티 중 최고의 파티를 준비하고 싶어요.

---

turn (어떤 나이 또는 시기가) 되다   throw a party 파티를 열다   go all out 전력을 다하다, 총력을 기울이다   bash (사람들이 많이 모이는) 큰 파티

You don't look a day over 25.

스물 다섯 살 이상으로는 안 보이는데요.

:

스물 다섯 살에서 하루(a day)도 지난(over) 것처럼 보이지 않는다(don't look)? 즉, 누군가의 외모가 제 나이보다 어려 보일 때 할 수 있는 칭찬이에요. 나이 들수록 외모 자신감이 떨어지기도 하는데, 그럴 때 나이 든 사람에게 이런 말은 좋은 칭찬이 될 수 있어요.

원어민 게이지 100%

\# 불필요하거나 심지어 모욕으로 들릴 수 있기 때문에 \# 매우 어린 사람에게 할 말은 아님 \# 말하는 나이는 듣는 사람의 실제 나이보다 어려야 하는 게 핵심

감탄 👍👍👍👍👍   추측 👍👍👍👍👍   활용도 👍👍👍👍👍

더보기 ▼

You are aging like a fine wine.

근사한 와인처럼 나이 들어가는 것 같아요.

You haven't aged a day since we first met.

우리가 처음 만났을 때부터 (지금까지) 하나도 안 변했어요.

age 나이가 들다, 나이를 먹다 ('age like a fine wine'은 시간이 지날수록 숙성된 와인처럼 더 근사해진다는 의미를 내포하며, (나이 관련 이야기는) 친한 사이에서만 가능)

It's your birthday tomorrow, right?
I hope you have a fantastic birthday
and a fantastic year to come.
Let's throw a party!

Thanks.
And I think I'll pass on the party.
42 is not really an age I want to celebrate.

42?!
You don't look a day over 30.
You only turn 42 once.
We have to celebrate.

Thanks for saying that.
In that case, maybe a small get-together
with friends would be fun.

---

pass (on ~) (~을/를) 생략하다, 넘어가다   in that case 그런 경우에는, 그렇다면

내일 생일이죠?
멋진 생일, 또 멋진 한 해가
되길 바랄게요.
(우리) 파티를 열어요!

고마워요.
(그렇지만) 파티는 생략하는 게 좋겠어요.
마흔 두 살은 그다지 축하하고 싶은 나인 아니거든요.

마흔 두 살이요?!
서른 살 이상으로는 안 보이는 걸요.
(그리고) 마흔 두 살은 한 번뿐이잖아요.
축하해야죠!

그렇게 말해 줘서 고마워요.
그렇다면, 친구들끼리 조촐하게
모이는 게 좋겠어요.

It's your birthday tomorrow, right?
I hope you have a fantastic ❶ _____
and a fantastic ❷ _____ to ❸ _____.
Let's ❹ _____ a ❺ _____!

Thanks.
And I think I'll pass on the party.
42 is not really an ❻ _____ I want to celebrate.

42?!
You don't look ❼ _____ 30.
You only ❽ _____ 42 once.
We have to ❾ _____.

Thanks for saying that.
In that case, maybe a small get-together
with friends would be fun.

😀 **answer** ❶ birthday OR day ❷ year ❸ come ❹ throw

내일 생일이죠?
멋진 생일, 또 멋진 한 해가
되길 바랄게요.
(우리) 파티를 열어요!

고마워요.
(그렇지만) 파티는 생략하는 게 좋겠어요.
마흔 두 살은 그다지 축하하고 싶은 나인 아니거든요.

마흔 두 살이요?!
서른 살 이상으로는 안 보이는 걸요.
(그리고) 마흔 두 살은 한 번뿐이잖아요.
축하해야죠!

그렇게 말해 줘서 고마워요.
그렇다면, 친구들끼리 조촐하게
모이는 게 좋겠어요.

❺ party OR bash   **❻** age   **❼** a day over   **❽** turn   **❾** celebrate

Lesson

21~25

◀ Lesson 21 유튜브 영상 바로 가기

Going to a baby shower
베이비 샤워(출산 축하 파티) 가기

미국에서는 **첫째 아이가 태어나기 전에 파티**를 하는 것이 일반적이에요. 이 파티는 'baby shower (베이비 샤워)'라고 불러요. 예비 엄마가 아기를 위해 사용할 선물들을 많이 받기(showered with gifts) 때문이에요.

가장 흔한 선물은 **기저귀, 옷, 아기 장난감**이에요. 때때로 결혼 선물처럼 예비 엄마가 특별히 원하거나 필요로 하는 물건을 특정 가게에 등록해 둘 수 있어요. 너무 비싼 물건은 가족이나 친구들이 'chip in on something' 즉, 십시일반 돈을 모아 사 줄 수도 있죠.

한 가정에 둘째 아이가 생기면, 이미 많은 아기 용품을 가지고 있을 거라 여겨 베이비 샤워는 거의 하지 않아요. 대신 **소규모 파티인 'sprinkle (스프링클)'**을 할 수도 있어요.

이번 레슨에서는 **'going to a baby shower (베이비 샤워 참석)'**를 하는 경우, **예비 엄마를 칭찬**하고, **출산과 관련된 질문**도 하고, 예비 부모에게 **행운을 빌어 주는 표현**들을 원어민의 표현으로 배워 볼게요! 🙂

You're glowing!

빛이 나네요!

:

해당 표현은 원어민이 임산부에게 흔히 하는 칭찬 중 하나예요! 안색이 좋아 보인다는 의미인데, 마치 내면의 빛이 비치는 것처럼 건강하고, 행복하고, 아름다워 보이기까지 한다는 거죠. 친구가 임신했을 때 이 칭찬 표현을 꼭 써 보세요!

원어민 게이지 50%

좋아 보여서 정말 다행이야 # 엄마가 된다니! 내가 다 마음이 몽글몽글 # "너 얼굴 좋아졌다!", "너 정말 이쁘다!"라는 뜻으로도 활용 # 결혼을 앞두거나 연애 중인 친구의 얼굴이 설렘 가득히 빛이 날 때

진심 👍👍👍👍👍   격식적 👍👍👍👍👍   활용도 👍👍👍👍👍

더보기 ▼

You'll make great parents.

두 분은 훌륭한 부모가 될 거예요.

Your baby is one lucky baby to be born to parents like you!

두 사람 같은 부모를 둔 가정에서 태어나다니 뱃속 아기는 정말 행운아예요!

glow 빛나다, 타다   be born to (what kind of = 어떤) parents (어떤) 부모를 둔 가정에서 태어나다

When are you due?

언제 출산 예정이에요?

:

이 표현은 임산부에게 물어 볼 수 있는 매우 흔한 질문이에요. 베이비 샤워에서 이야기 나눌 주된 소재이죠. 하지만 출산 예정일을 추측하는 것이 베이비 샤워 게임의 일부일 수 있기 때문에, 임산부는 이 질문에 대답하지 않을 수도 있어요!

원어민 게이지 80%

자, 이제 게임을 시작하지 # 그럴 일은 없겠지만, 임신 여부를 가정하고 모르는 사람에게 이 질문을 해선 절대 안 돼요

호기심 👍👍👍👍👍   직접적 👍👍👍👍👍   활용도 👍👍👍👍👍

더보기 ▼

Did you pick out a name yet?

(아기) 이름 정했어요?

Do you know if it's a boy or a girl?

아기가 남자아이인지 여자아이인지 알아요?

due (~하기로) 되어 있는, 예정된   pick out 선택하다, 뽑아 내다, 정하다   it 뱃속의 아기를 가리킬 때 쓰는 대명사

I wish all the best for you and your baby-to-be.

두 분과 아기 모두 좋은 일만 가득하길 바랄게요.

:

이 표현은 직접 대면했을 때 말로 할 수도 있고, 메시지나 편지에 적어 쓸 수도 있어요. 예비 부모와 아기가 모두 행복하고 건강하게 지내길 바라는 마음을 담은 표현이지요. 약간 격식을 차리는 뉘앙스를 주지만, (예비 부모가 친구라면) 잘 지내길 바라는 마음으로 친구(들)에게도 쓸 수 있어요.

원어민 게이지 100%

이 가정에 늘 행복이 가득하길 # 가족이나 친구들 외에 직장 동료들과 함께 하는 등 여러 그룹을 위한 베이비 샤워가 있어요 # 그러니 조금은 격식을 차리는 표현도 알아 두면 좋겠죠!

축복 👍👍👍👍👍   애정 👍👍👍👍👍👍   활용도 👍👍👍👍

더보기 ▼

It means so much to me to be with you to welcome a new life into the world.

새 생명의 탄생을 함께 맞이하게 되어 정말 뜻깊네요.

I'm so happy to be here with you and share this exciting time.

두 분과 이 설레는 시간을 함께할 수 있어서 정말 행복해요.

---

baby-to-be 아직 태어나지 않은 아기, 태아   share 함께하다, 공유하다, 나누다

Congratulations!
You're going to make a fantastic mother.
You're absolutely glowing.

Thank you so much. I feel like
I'm going to pop any day now.

When are you due?

I can't tell you just yet.
That's one of the baby shower games.

Oh! How fun.
I hope I guess it right.
Anyway, I'm so happy
to be here with you
and share this exciting time.

...

absolutely 완전, 굉장히   pop 뻥 하고 터지다   any day (now) 곧 (지금이라도)

축하해요!
멋진 엄마가 될 거예요.
완전 빛이 나네요.

정말 고마워요. (배가) 지금이라도
뻥 하고 터질 것 같아요.

언제 출산 예정이에요?

아직은 말할 수 없어요.
그게 베이비 샤워 게임 중 하나거든요.

오! 정말 재밌겠네요.
제가 맞췄으면 좋겠어요.
아무튼,
당신과 이 신나는 시간을
함께할 수 있어서 정말 행복하네요.

just yet   (부정어와 함께 쓰여) (아마 곧 되겠지만) 아직은

Congratulations!
You're going to ❶⬛⬛⬛⬛ a fantastic mother.
You're absolutely ❷⬛⬛⬛⬛.

Thank you so much. I feel like
I'm going to pop any day now.

When are you ❸⬛⬛⬛⬛?

I can't tell you just yet.
That's one of the ❹⬛⬛⬛⬛ games.

Oh! How fun.
I hope I guess it right.
Anyway, I'm so happy
to be ❺⬛⬛⬛⬛ you
and ❻⬛⬛⬛⬛ this exciting time.

😊 **answer** ❶ make OR be ❷ glowing ❸ due ❹ baby shower

축하해요!
멋진 엄마가 될 거예요.
완전 빛이 나네요.

정말 고마워요. (배가) 지금이라도
뻥 하고 터질 것 같아요.

언제 출산 예정이에요?

아직은 말할 수 없어요.
그게 베이비 샤워 게임 중 하나거든요.

오! 정말 재밌겠네요.
제가 맞췄으면 좋겠어요.
아무튼,
당신과 이 신나는 시간을
함께할 수 있어서 정말 행복하네요.

❺ here with   **❻** share

Going to a dinner party
디너 파티 가기

미국인들은 집에서 접대하는 것을 좋아해요. 도시의 작은 아파트에 살든, 시골의 큰 집에 살든 그것은 마찬가지죠. 그래서 **'going to a dinner party (디너 파티에 가는 것)'**에 대해 알아 두면 도움이 많이 될 거예요.

집에서 디너 파티를 여는 것은 쉽지 않기 때문에 **준비를 돕겠다고 말하고, 초대받은 것에 감사함을 표현하는 것은 매우 중요**해요. 여러분은 무엇을 (챙겨) 가져올지 물어보고, 작은 선물을 준비해서 가져올 수 있죠.

흔한 선물로는 와인, 꽃, 초콜릿 등이 있지만, 특별히 '집들이'의 경우라면 토스터 같이 작은 가전제품이나 화분 같은 식물도 좋은 선물이 될 거예요.

자, 그럼 이번 레슨에서는 완벽한 게스트가 되기 위한 원어민의 표현들을 배워 볼게요. 초대해 준 **집주인에게 감사 인사**하는 방법, 소소하게나마 **성의를 표시**하는 방법, 그리고 **재치 있고 유용한 칭찬**을 순서대로 알아볼게요! ☺

MP3 085

Thank you so much for having me.

초대해 주셔서 정말 감사해요.

:

디너 파티에 도착하자마자 쓸 수 있는, 초대에 대한 감사 표현이에요. '~을/를 초대하다'라는 의미의 'have somebody'는 다른 사람의 집을 방문할 때만 사용하는 반면, 'invite somebody'는 초대받은 장소가 어디든 쓸 수 있어요.
이 외에도 해당 표현을 쓰는 타이밍은 조금 다르지만, 초대해 준 집주인에게 감사함을 나타내는 다른 추가 표현들을 아래 더보기에 달아 놓았어요.

원어민 게이지 50%

\# 누군가의 집에 초대된다는 것은 조금 더 가까운 사이가 되었다는 의미

예의 바름 👍👍👍👍👍   격식적 👍👍👍👍👍   활용도 👍👍👍👍👍

더보기 ▼

I had a lovely time.

즐거운 시간이었어요.

You are the perfect host/hostess. I'd love to have you over next time.

완벽한 파티를 준비해 주셨어요. 다음 번에는 제가 초대하고 싶어요.

host/hostess 집주인 (위에서는 환대에 대한 감사 표현으로 자연스럽게 해석)

Is there anything I can bring?

제가 가져갈 만한 게 있을까요?

:

초대를 받았을 때 파티에 가져갈 게 있는지 물어보는 것은 기본 에티켓이에요! 다만, 물어볼 때 '해야 한다'를 의미하는 'should / have to'를 쓰지 않는 걸 추천해요. 예를 들어, "Is there anything I should bring? (제가 가져가야 할 게 있나요?)"라고 하면, 도와주고 싶은 마음은 없지만 묻는 것이 맞다고 생각해서 형식상 물어보는 것처럼 들리거든요.
반면, "Is there anything I can bring? (제가 가져갈 수 있는 게 있어요?)" 하면, 여러분이 무언가를 기꺼이 챙겨 가고 싶어 하는 것처럼 들려요!

원어민 게이지 80%

\# 마음만은 양손 무겁게 # 'hospitality (환대)'는 매우 존경할 만한 덕목! # 이에 감사할 줄 알아야 인지 상정!

성의 👍👍👍👍👍   감사함 👍👍👍👍👍   활용도 👍👍👍👍👍

더보기 ▼

I wasn't sure what to bring, so I just brought red wine.

무얼 가져와야 할지 몰라서, 레드 와인을 가져와 봤어요.

I got you a little something.

(선물로) 작은 걸 준비했어요.

bring 가져오다, 가져다 주다

You have a lovely home. Have you lived here for a long time?

집이 정말 멋져요. 여기 오래 사셨어요?

:

이 표현은 다른 사람의 집에 처음 방문했을 때 쓰기 좋아요. 이 질문을 시작으로 집주인은 자신의 동네, 또는 집 인테리어 등에 대해 이야기하면서 대화를 이어 나갈 수 있거든요. 그리고 첫 방문에서 집을 칭찬하는 것은 기본적인 예의죠!

원어민 게이지 100%

대화의 좋은 출발점이 되어 줄 표현 # 국민 집들이 브금 ON 따라라 라라~ # 다정다감하게 "Your place is cozy and nice. (집이 참 아늑하고 좋아요.)"라고도 칭찬해 보기 # 'for a long time'은 줄여서 'long'이라고만 할 수 있음

격식적 👍👍👍👍👍   호기심 👍👍👍👍👍   활용도 👍👍👍👍👍

더보기 ▼

Did you make this? I didn't know you were a professional chef.

직접 만드신 거예요? 전문 요리사인 줄 몰랐는데요. (웃음)

These potatoes are delicious. What's your secret?

감자가 굉장히 맛있어요. 비법이 뭐예요?

professional 전문적   chef 요리사

Thank you so much for having me.
I got you a little something.

Wow, wine!
You shouldn't have.
You're too kind.
Please, come in.
I'll take your coat.

Thank you.
You have such a lovely home.
Have you lived here for a long time?

Almost 5 years now.
Let me give you a tour
before we have dinner.

Sounds great.
Do you mind if I use your restroom
before the tour?

come in 들어오다   give A a tour A(사람)에게 구경시켜 주다

초대해 주셔서 정말 감사합니다.
(선물로) 작은 걸 준비했어요.

와, 와인이네요!
안 그러셔도 되는데.
정말 친절하시네요.
어서 들어오세요.
코트는 저한테 주세요.

감사합니다.
집이 정말 예뻐요.
여기 오래 사셨어요?

이제 거의 5년 됐어요.
저녁 드시기 전에
구경 (먼저) 시켜 드릴게요.

좋아요.
구경하기 전에
(먼저) 화장실 좀 써도 될까요?

Thank you so much for ❶   me.
I got you ❷   .

Wow, wine!
You shouldn't have.
You're too kind.
Please, come in.
I'll take your coat.

Thank you.
You have such a ❸   home.
Have you ❹   for a long time?

Almost 5 years now.
Let me give you a ❺
before we have dinner.

Sounds great.
Do you mind if I use your restroom
before the tour?

 answer ❶ having OR inviting   ❷ a little something OR something

초대해 주셔서 정말 감사합니다.
(선물로) 작은 걸 준비했어요.

와, 와인이네요!
안 그러셔도 되는데.
정말 친절하시네요.
어서 들어오세요.
코트는 저한테 주세요.

감사합니다.
집이 정말 예뻐요.
여기 오래 사셨어요?

이제 거의 5년 됐어요.
저녁 드시기 전에
구경 (먼저) 시켜 드릴게요.

좋아요.
구경하기 전에
(먼저) 화장실 좀 써도 될까요?

❸ lovely　❹ lived here　❺ tour

Going to the bank
은행 가기

외국어를 사용해야 하는 곳에서 **'going to the bank (은행에 가는 것)'**은 **은행 업무와 관련된 많은 어휘와 표현들**로 인해 다소 어렵게 느껴질 수 있어요. 은행에서 하는 일에 특화된 어휘와 표현들 때문이지요. 그래서 필요한 어휘를 알지 못하면, 바디 랭귀지가 별로 도움이 되지 않는 경우가 많아요.

휴대 전화의 번역기를 켜서 말해 보려고 노력하지만, 너무 바빠 보이는 은행 창구의 직원과 자기 차례를 기다리는 많은 사람들의 눈치가 보인 경험은 없었나요?

우리는 환율만 물어보던 관광객 영어를 벗어나, 이제 **미국에 은행 계좌가 생겼을 때 쓸 수 있는 표현**들도 알아야 할 때가 되었어요! 보다 자신감 있게 그리고 원하는 용무를 제대로 해결할 수 있도록 유용한 표현들을 알아 두는 거예요.

자, 그럼 이번 레슨에서는 **다른 계좌 간 입/출금, 계좌 관련 신고나 확인 사항에 대해 묻기** 등 은행에서 쓸 수 있는 원어민의 표현들을 배워 볼게요! 😊

I'd like to make a deposit (into this account).

이 계좌에 입금하고 싶은데요.

:

미국도 한국처럼 ATM (현금 자동 입출금기)을 많이 사용하지만, 모두 입금이 가능한 것은 아니에요. 그래서 가끔은 은행에 가서 직접 입금을 해야 해요. 그때 사용할 수 있는 게 바로 위의 표현이에요.
'into this account (이 계좌에)'라고 말할 때는 계좌 번호 또는 카드를 보여 주면 돼요. 또는 'into my savings/checking (account)', 즉 '예금/당좌 (계좌)'라고 구체적으로 말할 수도 있죠.

원어민 게이지 50%

'savings'는 목돈을 묶어 두기 위한 '예금'을 목적으로 하는 계좌   # 'checking'은 넣어 둔 돈에 한해 자유 입출금이 가능한 '당좌' 계좌

기본적 👍👍👍👍👍   목적성 👍👍👍👍👍   활용도 👍👍👍👍👍

더보기 ▼

I'd like to transfer some money from my savings (account) to my checking (account).

제 예금 계좌에서 당좌 계좌로 송금하고 싶어요.

I'd like to make an international wire transfer to this account.

이 계좌로 해외 송금을 하고 싶어요.

deposit 예금하다, 예치하다   transfer ~ ~(돈)을 이체하다, 송금하다
international wire transfer 해외 송금 ('domestic wire transfer'는 국내 송금)

I'd like to withdraw $100, please.

100달러를 인출하고 싶어요.

:

보통은 ATM (현금 자동 입출금기)을 통해 현금을 인출하지만, 위 표현은 가끔 다른 업무를 보러 은행에 간 김에 출금까지 하는 경우에 쓸 수 있어요!
인출하고 싶은 금액을 바로 말하지 않고 "I'd like to make a withdrawal. (출금하려고 요.)"이라고 할 수도 있어요. 그러면 직원은 "How much would you like to withdraw? (얼마나 인출해 드릴까요?)"라고 물을테고, 높은 액수라면 "Is there a withdrawal limit? (출금액 제한이 있나요?)"이라고 출금이 가능한지 확인할 수 있죠.

원어민 게이지 80%

입출금 내역은 'bankbook/passbook (계좌 개설 시 받는 거래 기록 소책자)'에 수기 기록 가능
'bank statement (거래 내역)'는 인터넷에서 직접 확인하거나 은행 방문 시 요청할 수 있음

간결함 👍👍👍👍👍   목적성 👍👍👍👍👍   활용도 👍👍👍👍👍

더보기 ▼

I'd like to take out $20 from my checking account.

이 계좌에서 20달러를 인출하고 싶어요.

In fives, please.

5달러짜리로 주세요.

withdraw 인출하다   take out 꺼내다   In ~, please. ~(화폐 단위)로 주세요. ("How would you like the money? (돈은 어떻게 드릴까요?)"라는 질문에 대한 답변)

I'd like to report a lost credit card.

분실한 신용카드를 신고하려고요.

:

반드시 알아야 하는 표현 중 하나예요! 전화로 신고하거나 직접 은행에 방문해 신고할 때 쓸 수 있어요.
은행 직원의 안내에 따라 카드에 등록된 이름, 주소, 주민등록번호 등 개인 정보를 함께 알려 접수하게 될 거예요. 당황하지 말고 침착하게 신고 접수를 해요.

원어민 게이지 100%

\# 카드를 도난당한 경우라면 'lost' 대신 'stolen' \# "Let me ask you some questions to verify your identity. (신원 확인 차 몇 가지 질문을 드릴게요.)" 하고 은행원이 물어 볼 수 있음

긴급성 👍👍👍👍👍   목적성 👍👍👍👍👍   활용도 👍👍👍👍👍

더보기 ▼

I'd like to report a change of address.

주소가 바뀌어서 알려 드리려고요.

How long will it take for the check to clear?

수표가 계좌로 입금되는 데 얼마나 걸릴까요?

---

report 신고하다, 보고하다, 알리다   lost 분실한   clear (수표를) 결제받다, 추심하다 (미국의 많은 회사가 여전히 급여를 종이 수표로 발행하고 있어, 수표를 입금한 뒤 계좌로 처리되는 데 걸리는 시간을 물어볼 때 자주 사용)

Good morning.
How can I help you?

Hello. I'd like to make a deposit
into my checking account.
It's a check.

Okay.
Could you please sign
the back of the check?

Here you are.
How long will it take
for the check to clear?

It should take
approximately 2 business days.

Alright. Just one more thing.
I'd also like to withdraw $100
from the same checking account.
And can you give it to me
in tens, please?

💬

sign 서명하다   approximately 대략(적으로)   business day 영업일

안녕하세요.
무엇을 도와 드릴까요?

안녕하세요. 당좌 계좌로
입금을 좀 하고 싶어서요.
수표예요.

네.
수표 뒷면에
서명해 주시겠어요?

여기 있어요.
수표가 입금되는 데
얼마나 걸릴까요?

영업일 기준으로
약 2일 정도 소요됩니다.

네. 한 가지만 더요.
같은 계좌에서 100달러를
인출하고 싶은데요.
10달러짜리로
주시겠어요?

Good morning.
How can I help you?

Hello. I'd like to ❶ _____
into my checking account.
It's a check.

Okay.
Could you please sign
the back of the check?

Here you are.
How ❷ _____ will it ❸ _____
for the check to ❹ _____ ?

It should take
approximately 2 ❺ _____ days.

Alright. Just one more thing.
I'd also like to ❻ _____ $100
from the same checking ❼ _____ .
And can you give it to me
in ❽ _____ , please?

😊 answer ❶ make a deposit ❷ long ❸ take ❹ clear ❺ business

204

안녕하세요.
무엇을 도와 드릴까요?

안녕하세요. 당좌 계좌로
입금을 좀 하고 싶어서요.
수표예요.

네.
수표 뒷면에
서명해 주시겠어요?

여기 있어요.
수표가 입금되는 데
얼마나 걸릴까요?

영업일 기준으로
약 2일 정도 소요됩니다.

네. 한 가지만 더요.
같은 계좌에서 100달러를
인출하고 싶은데요.
10달러짜리로
주시겠어요?

❻ withdraw   **❼** account   **❽** tens

Going grocery shopping
장보기

우리가 흔히 **'슈퍼(마켓)'**이라고 부르는 식료품점을 미국에서는 'grocery store'라고 부르는데요. 식료품만 파는 작은 가게뿐 아니라, 청소용품, 장난감, 의류, 가전제품, 반려동물 용품 등 거의 모든 생활용품을 두루 판매하는 **대형 '마트' 체인점도** 'grocery store'예요.

미국에서 **'going grocery shopping (장보기)'**을 할 때는 특이하게도 **'bagger (계산원이 스캔한 상품을 가져갈 장바구니에 담아 주는 직원)'**를 볼 수 있어요. 마트가 생겨 난 역사가 길어서 그런지 미국만의 특징을 엿볼 수 있는 대목이에요. 그리고 요즘은 한국에서도 자주 볼 수 있는, 10개 이하 품목을 구매하는 사람들을 위한 셀프 계산대도 있죠.

이번 레슨에서는 **계산할 때** 쓰는 표현, 장볼 때 도움을 요청하는 방법, 그리고 마트에서 **사야 할 것들에 대해 이야기 나눌 때** 쓰는 표현들에 대해 차근차근 배워 볼게요! 🙂

Paper, please.

종이(봉투)로 주세요.

:

'bagger (봉투에 물건을 담아 주는 직원)'가 "Paper or plastic? (종이 봉투에 드릴까요, 플라스틱 봉투에 드릴까요?)" 하고 물으면 여러분은 위와 같이 답할 수 있어요. 'paper (종이)' 대신 'plastic (플라스틱)'이라고 말할 수도 있죠. 아, 요즘은 재사용이 가능한 가방만 판매하는 곳도 있어서 선택할 수 없을지도 몰라요!
추가로, 계산대에서 쓸 수 있는 표현들을 아래 더보기에 달아 놓았어요.

원어민 게이지 50%

직접 장바구니를 챙겨서 들고 다니는 게 베스트! # 종이든 플라스틱이든 여러 번 사용하는 것도 좋은 방법

환경적 👍👍👍👍👍   선택적 👍👍👍👍👍   활용도 👍👍👍👍👍

더보기 ▼

Could I get a reusable bag?

재사용할 수 있는 쇼핑백으로 주시겠어요?

Are you in line?

줄 서신 거예요?

---

reusable 재사용할 수 있는   be in line 줄을 서다 (일상 대화에서 사용)

Excuse me, where can I find canned tomato sauce?

저기, 통조림 토마토 소스는 어디에 있나요?

:

마트의 규모에 따라 원하는 물건을 찾는 게 쉽지 않을 수 있어요! 그럴 때는 위 표현을 사용해 보세요. "Where is ~? (~은/는 어디 있어요?)"보다 "Where can I find ~? (~은/는 어디 있어요?)"라는 묻는 것이 더 자연스럽고 흔히 쓰는 표현이라는 사실!

원어민 게이지 80%

\# "Where can I find the cereal aisle? (시리얼류 통로는 어디에 있나요?)" 하고 구역을 물어볼 수도 있음
\# 마트에서 길 잃어 본 적 있는 사람 나야 나

직접적 👍👍👍👍👍   적극성 👍👍👍👍👍   활용도 👍👍👍👍👍

더보기 ▼

Could I get 1 pound of ground beef?

다진 쇠고기 1파운드 주시겠어요?

Are you out of frozen broccoli?

냉동 브로콜리는 다 떨어졌나요?

---

canned 통조림으로 된   aisle 통로, 복도   pound 파운드 (무게 단위. 0.454킬로그램)
ground (가루가 되게) 간, 빻은   be out of ~ ~을/를 다 써서 바닥이 나다, 떨어지다

I'm going to swing by the bakery and pick up muffins.

잠깐 제과점에 들러 머핀 좀 사 올게요.

:

'swing by ~ (~을/를 잠깐 들르다)'라는 표현은 매우 흔하게 쓰여요. 미국에서 마트가 워낙 크다 보니, 마트 안에서 다른 코너나 통로에 가는 걸 이야기할 때도 이 표현을 자주 써요. 또는 마트에 가기 전에 행선지를 알리기 위해 쓰기도 하죠. 'go (가다)'보다 훨씬 더 자연스럽게 들려요!

원어민 게이지 100%

같이 쇼핑하는 가족에게 이렇게 말하고 간식 찾으러 다녀오기 # 주로 직접 말로 할 때나 전화할 때
'drop by ~ (~을/를 잠깐 들르다)'는 친구 집 같은 곳에서 더 오래 머무를 때

정보성 👍👍👍👍👍   **격식적** 👍👍👍👍👍   **활용도** 👍👍👍👍👍

더보기 ▼

I'm going to run to the deli and get lunchmeat.

델리로 (빨리) 가서 샌드위치용 고기를 사 올게요.

I'm not getting a lot, so I'll just use a basket.

많이 안 살 거라, 그냥 (카트 말고) 바구니 쓸게요.

pick up ~ ~(물건)을/를 사다   run to ~ ~(으)로 (빨리) 가다 (= go quickly)   deli (delicatessen) 델리 (주로 수입 가공육 등을 판매하는 가게)   lunchmeat 샌드위치용 고기 (햄, 소시지, 터키, 살라미 등 다양한 요리된 고기를 얇게 또는 작게 잘라 줌)

[on the phone]

I'm at the grocery store.
I just need to run to the bakery
and pick up some bagels
for tomorrow morning.

Okay, I'll see you at home later.

Excuse me.
Where can I find the bakery?

It's next to the deli at the back of the store.

Great. Thank you.
By chance, do you know if bagels are in stock?

It's still early, so they should be.

Okay, I'll have to swing by
and check it out for myself. Thanks.

by chance 혹시, 우연히   for myself 혼자 (힘으로), 직접, 나 자신을 위해서

[통화 중]

나 (지금) 마트에 있어.
내일 아침에 먹을
베이글 좀 사러
제과점에 가려고.

알겠어, 이따 집에서 봐.

저기,
제과점은 어디 있나요?

가게 뒤쪽에 (있는) 델리 옆에 있어요.

그렇군요. 감사해요.
혹시, 베이글 재고가 (남아) 있는지 알고 계시나요?

아직 이르니, 있을 거예요.

네, 잠깐 들러서
직접 확인해 봐야겠네요. 감사해요.

in stock 비축되어, 재고로

[on the phone]

I'm at the grocery store.
I just need to ❶ ▓▓▓▓▓ the bakery
and ❷ ▓▓▓▓▓ some bagels
for tomorrow morning.

Okay, I'll see you at home later.

Excuse me.
Where ❸ ▓▓▓▓▓ the bakery?

It's next to the deli at the back of the store.

Great. Thank you.
By chance, do you know if bagels are ❹ ▓▓▓▓▓?

It's still early, so they should be.

Okay, I'll have to ❺ ▓▓▓▓▓
and check it out for myself. Thanks.

😊 answer ❶ run to OR swing by ❷ pick up ❸ can I find

[통화 중]

나 (지금) 마트에 있어.
내일 아침에 먹을
베이글 좀 사러
제과점에 가려고.

알겠어, 이따 집에서 봐.

저기,
제과점은 어디 있나요?

가게 뒤쪽에 (있는) 델리 옆에 있어요.

그렇군요. 감사해요.
혹시, 베이글 재고가 (남아) 있는지 알고 계시나요?

아직 이르니, 있을 거예요.

네, 잠깐 들러서
직접 확인해 봐야겠네요. 감사해요.

❹ in stock   ❺ swing by

Going to the post office
우체국 가기

미국에서는 많은 사람들이 미국 우편 서비스 (USPS)나 FedEx (페덱스) 또는 UPS (유피에스)와 같은 물류 회사를 통해 우편과 소포를 주고받아요.

미국에서 **'going to the post office (우체국 가기)'**는 한국과 다른 점이 크게 2가지 있는데요. 첫 번째는 우체국 은행, 즉 **금융 서비스를 제공하지 않는다**는 거예요. 하지만 주요 도시의 특정 우체국이 제한적인 금융 서비스를 제공하기도 해서 머지 않아 보편화될 수 있을지도 몰라요.

두 번째는 미국 우체국에서는 **문구류를 더 많이 판매한다**는 거예요. 생일 카드, 연하장 등을 그냥 우체국에 가서 구매한 뒤 거기서 바로 보낼 수 있어 간편하죠.

그럼, 이제 **소포나 편지를 보낼 때, 배송을 확실히 하고 싶을 때, 우체국에서 기타 제품을 사는 등 다른 용건이 있을 때** 쓸 수 있는 원어민의 표현을 순서대로 살펴 볼게요! 🙂

I'd like to send this package by air to the United States.

이 소포를 항공편으로 미국에 보내고 싶어요.

:

이 표현은 소포를 부칠 때 필요한 정보를 최대한 한 번에 전달하기에 유용한 표현이에요. 상황에 따라 'package (소포)'는 'letter (편지)'로 바꿔 말할 수 있고, 'by air (항공편으로)'는 'by land/sea (육로/배편으로)'로 바꿔 말할 수 있어요.

원어민 게이지 50%

급할 땐 'priority (빠른)' 또는 'express (특급)' 서비스! # 'send (보내다)' 대신 편지일 때 'mail', 소포일 때 'ship'이라고 할 수 있음

정확도 👍👍👍👍👍   구체적 👍👍👍👍👍   활용도 👍👍👍👍👍

더보기 ▼

How much will it cost to send this letter to Jeju?

이 편지를 제주도로 보내는 데 (비용이) 얼마나 드나요?

How long will it take?

(배송이) 얼마나 걸릴까요?

mail 우편으로 보내다, 우편물을 발송하다   ship 실어 나르다, 수송(운송)하다   cost 비용이 들다   take (시간이) 걸리다

Is there a tracking number?

추적 번호가 있나요?

:

사적인 것이든 긴급한 것이든 매우 중요한 편지 또는 소포를 보낼 때 위 표현을 활용해 배송 상태를 확인할 수 있는 추적 번호를 요청할 수 있어요. 다만, 미국에서는 추적 번호를 받기 위해 (해당 비용이 포함된) 더 비싼 배송 옵션을 선택하거나, 아니면 보험에 가입한 뒤 약간의 추가 비용을 지불해야 해요. 참고로, 배송 보험은 우편물에 포함된 경우도 있고 혹은 따로 구매해야 하는 경우도 있어요.

원어민 게이지 80%

내 우편물은 소중하니까 # 막연한 기다림이 즐겁지 않다면 추가 선택 # 보험을 가입할 땐 "Is it insured? (보험 처리돼 있나요?)"라고 먼저 직원에게 물어보기

부가적 👍👍👍👍👍   염려 👍👍👍👍👍   활용도 👍👍👍👍👍

더보기 ▼

Will I be able to track the delivery?

배송 조회가 가능할까요?

Can I have the package insured?

소포 (배송) 보험에 들 수 있나요?

tracking number 추적 번호, 주문 또는 발송한 물건의 배송 상황을 추적할 수 있도록 부여된 번호   insure 보험에 들다, 가입하다 (위에서는 'have + 사물 (the package) + p.p. (insured)' 형태로 씀)

I'm here to pick up a package from Hailey for Jay.

Hailey가 Jay에게 보낸 소포를 찾으러 왔어요.

:

어떤 이유로 집에 배달되지 못한 소포를 우체국에 직접 찾으러 갔을 때 쓸 수 있는 표현이에요. 배달할 때 집에 아무도 없으면 우체부가 재방문일과 연락처를 남기는데요. 연락해서 우체국으로 찾으러 가겠다고 말할 수 있어요.

원어민 게이지 100%

우체부가 남긴 통지서와 신분증 챙겨 가기 # 보험에 가입된 택배라면 서명이 필요할 수도! # 미국 우체국에는 복사기가 있는 곳도 있어요 # 미리 전화해서 더보기 두 번째 추가 표현을 활용해, 확인하고 가는 걸 추천!

목적성 👍👍👍👍👍　　**기대감** 👍👍👍👍👍　　**활용도** 👍👍👍👍👍

더보기 ▼

I need a book of stamps.

우표 한 세트가 필요해요. (구매하려고요.)

Do you have a photocopier?

복사기 있나요?

---

pick something up (어디에서) ~을/를 찾다, 찾아오다　　book (책처럼 엮은 우표 등의) 묶음철　　photocopier 복사기

Hello. I'd like to ship this package express to Detroit, Michigan. How long will it take and how much does it cost to send it to Detroit?

We can get it there by tomorrow at 3 PM for $36.30 or three days from now on Friday at 4:30 PM for $9.95.

Okay, I'd like it to arrive by tomorrow.
Can I have the package insured?

If you write the declared value, you will be reimbursed that amount if the package is damaged or lost at no extra cost.

Great. Is there a tracking number?

Yes. You can track the package online.

•••

declared value 신고 가격(금액)   reimburse 배상하다, 변제하다

안녕하세요. 이 소포를
Michigan에 있는 Detroit로
특급 배송을 보내고 싶어요.
Detroit까지 얼마나 걸리고,
비용은 얼마인가요?

내일 오후 3시까지 도착하는 건
36.30달러이고, 지금부터 3일 후인
금요일 오후 4시 30분까지
도착하는 건 9.95달러입니다.

그렇군요,
내일까지 도착했으면 좋겠어요.
소포에 보험을 들 수 있나요?

신고 금액을 적으면,
추가 비용 없이도 물품이 파손되거나
분실될 경우 해당 금액을
배상받을 수 있습니다.

좋네요. 추적 번호가 있나요?

네. 온라인으로 배송 조회가 가능합니다.

...

Hello. I'd like to ❶ ▮▮▮▮▮ this ❷ ▮▮▮▮▮ to Detroit, Michigan. How ❸ ▮▮▮▮▮ will it ❹ ▮▮▮▮▮ and how ❺ ▮▮▮▮▮ does it ❻ ▮▮▮▮▮ to ❼ ▮▮▮▮▮ it to Detroit?

We can get it there by tomorrow at 3 PM for $36.30 or three days from now on Friday at 4:30 PM for $9.95.

Okay, I'd like it to arrive by tomorrow. Can I have the ❽ ▮▮▮▮▮?

If you write the declared value, you will be reimbursed that amount if the package is damaged or lost at no extra cost.

Great. Is there a ❾ ▮▮▮▮▮?

Yes. You can track the package online.

😊 **answer** ❶ ship OR send ❷ package express ❸ long ❹ take ❺ much

안녕하세요. 이 소포를
Michigan에 있는 Detroit로
특급 배송을 보내고 싶어요.
Detroit까지 얼마나 걸리고,
비용은 얼마인가요?

내일 오후 3시까지 도착하는 건
36.30달러이고, 지금부터 3일 후인
금요일 오후 4시 30분까지
도착하는 건 9.95달러입니다.

그렇군요,
내일까지 도착했으면 좋겠어요.
소포에 보험을 들 수 있나요?

신고 금액을 적으면,
추가 비용 없이도 물품이 파손되거나
분실될 경우 해당 금액을
배상받을 수 있습니다.

좋네요. 추적 번호가 있나요?

네. 온라인으로 배송 조회가 가능합니다.

6 cost   **7** send OR ship   **8** package insured   **9** tracking number

Lesson

26~30

◀ Lesson 26 유튜브 영상 바로 가기

Lesson
26

Stopping by the dry cleaner's

세탁소 들르기

미국에서는 'dry cleaner's (세탁소)'와 'laundromat (빨래방)'을 구분해 이용하는 것을 볼 수 있어요. **'Stopping by the dry cleaner's (세탁소 들르기)'**와 관련된 표현들을 배우기 전에 먼저 두 명칭의 차이를 간단히 짚어 볼까요?

'Laundromat (빨래방)'은 구비된 세탁기와 건조기를 사용해 빨래를 돌리고, 말리기 위한 장소예요. 세탁기와 건조기를 작동시키기 위해서는 동전이 필요하기 때문에 흔히 'coin laundry (동전 빨래방)'라고도 불러요. 많은 사람들이 'laundry mat'이라고 잘못 쓰거나 말하지만, 우리는 이번 기회에 확실히 알고 넘어 가자고요!

'Dry cleaner's (세탁소)'는 전문가가 세심하게 세탁을 하는 곳으로 주로 더 섬세한 재질이나 고가의 의류를 맡기러 가요. 또한 수선과 같은 작업도 가능하죠. 간단히 "I took it to the dry cleaner's. (그거 세탁소에 맡겼어요.)" 하고 말할 수 있어요.

자, 그럼 이번에는 **세탁소에 의류 등을 맡기고 찾을 때, 얼룩을 제거하고 싶을 때, 수선을 요청할 때** 쓸 수 있는 원어민의 표현을 순서대로 알아볼게요! 😊

I'm here to drop off some dress shirts for (dry) cleaning.

와이셔츠 드라이클리닝 맡기려고요.

⋮

'drop off (맡기다)'는 세탁소에 의류를 맡길 때 사용할 수 있는 핵심 표현이에요. 위 표현은 그중에서도 드라이클리닝을 맡길 때 쓸 수 있죠. 'dry'는 생략해도 되지만 그렇게 말했을 때 세탁소 직원이 확실히 하기 위해 세탁인지 드라이클리닝인지 물어볼 수도 있어요.

원어민 게이지 50%

드라이클리닝은 물 없이 세탁하는 방식으로, 'press (다림질하다)' 작업이 포함! # 칼각 가능

무난함 👍👍👍👍👍   목적성 👍👍👍👍👍   활용도 👍👍👍👍👍

더보기 ▼

I need this laundered and pressed by Tuesday.

이거 화요일까지 세탁해서 다림질해 주세요.

I'm here to pick up my dry cleaning.

드라이클리닝 (맡긴 거) 찾으러 왔어요.

I'm here to ~. ~(동사)하러 왔어요.   launder 세탁하다 (물을 사용해 세탁하는 방식이며 다림질이 포함되어 있지 않아서 원할 시 별도 요청해야 함)   pick something up (어디에서) ~을/를 찾다, 찾아오다

Can you remove this food stain?

이 음식물 얼룩 좀 제거해 주시겠어요?

:

음식물, 잉크, 와인 등의 얼룩을 지우고 싶다면 'remove (제거하다)'라는 동사를 사용해 위와 같이 말할 수 있는데요. 해당 얼룩을 직접 보여 주면서 물어보는 게 중요해요. 그리고 무엇으로 인한 얼룩인지 구체적으로 말하면, 제거에 더 큰 도움이 될 거예요.

원어민 게이지 80%

옷에 볼펜 자국은 물파스로   # 세탁소 사장님이 알려 주신 꿀팁

특수적 👍👍👍👍👍   요청 👍👍👍👍👍   활용도 👍👍👍👍👍

더보기 ▼

Can you remove the smoke odor from this?

이 옷에서 나는 연기 냄새 좀 제거해 주시겠어요?

I'd like to dye this dress blue.

이 드레스를 파란색으로 염색하고 싶어요.

stain 얼룩   odor 냄새   dye 염색하다

Do you do alterations?

(혹시) 수선하시나요?

:

수선을 맡길 수 있는지 물어보는 표현이에요. 'alteration (수선)'은 기장처럼 옷의 일부를 고치는 걸 말해요. 그리고 옷의 많은 부분을 누군가에게 완벽하게 맞도록 바꿔야 할 때는 'tailoring (맞춤)'이라고 하지요.

원어민 게이지 100%

'fit you like a glove (장갑처럼 꼭 맞게)' # 옷을 수선하거나(alter) 맞춰(tailor) 입어요.

정보력 👍👍👍👍👍   직설적 👍👍👍👍👍   활용도 👍👍👍👍👍

더보기 ▼

I'd like to take in the waist (on this pair of pants).

(이 바지) 허리를 줄이고 싶어요.

I'd like to shorten the skirt.

치마 길이를 줄이고 싶어요.

take something in ~의 사이즈를 줄이다   pair 바지, 안경, 가위 등 두 부분이 함께 붙어 하나를 이루는 물건   shorten (길이를) 줄이다

Hello.
I'm here to drop off some shirts
for dry cleaning.

Sure. When do you need them by?

I'm not in a rush,
so just the standard service will be fine.
But one of the shirts has a stain.
Can you remove this food stain?

That should be no problem.
You can come and
pick the shirts up in 3 days.

Great. Also, do you do alterations?
I'd like to take in the waist on a dress.

We do. Just bring it in next time
and I can alter it for you.

•••

be in a rush 서두르다   standard 일반적인, 보통의

안녕하세요.
셔츠 몇 개
드라이클리닝 맡기려고요.

네. 언제까지 필요하세요?

급한 건 아니어서,
그냥 일반적인 서비스면 될 것 같아요.
그런데 셔츠 중 하나에 얼룩이 있어요.
이 음식물 얼룩 좀 제거해 주시겠어요?

문제 없어 보여요.
셔츠는 3일 후에
찾으러 오시면 돼요.

감사합니다. 그리고, 혹시 수선도 하시나요?
원피스 허리를 줄이고 싶어서요.

수선 가능해요. 다음에 가져오시면
수선해 드릴게요.

Hello.
I'm here to ❶ ▢▢▢▢▢ some shirts
for ❷ ▢▢▢▢▢ .

Sure. When do you need them by?

I'm not in a rush,
so just the standard service will be fine.
But one of the shirts has a stain.
Can you ❸ ▢▢▢▢▢ this food ❹ ▢▢▢▢▢ ?

That should be no problem.
You can come and
❺ ▢▢▢▢▢ the shirts ❻ ▢▢▢▢▢ in 3 days.

Great. Also, do you do ❼ ▢▢▢▢▢ ?
I'd like to ❽ ▢▢▢▢▢ the waist on a dress.

We do. Just bring it in next time
and I can ❾ ▢▢▢▢▢ it for you.

answer ❶ drop off ❷ dry cleaning ❸ remove ❹ stain ❺ pick

안녕하세요.
셔츠 몇 개
드라이클리닝 맡기려고요.

네. 언제까지 필요하세요?

급한 건 아니어서,
그냥 일반적인 서비스면 될 것 같아요.
그런데 셔츠 중 하나에 얼룩이 있어요.
이 음식물 얼룩 좀 제거해 주시겠어요?

문제 없어 보여요.
셔츠는 3일 후에
찾으러 오시면 돼요.

감사합니다. 그리고, 혹시 수선도 하시나요?
원피스 허리를 줄이고 싶어서요.

수선 가능해요. 다음에 가져오시면
수선해 드릴게요.

❻ up   ❼ alterations   ❽ take in   ❾ alter

Tackling chores
집안일 하기

'**Tackling chores (집안일 하기)**'는 주로 행동 반경이 **집안이나 집 주변**에 국한되어 있어요. 'cooking (요리하기)', 'cleaning (청소하기)', 'getting the mail (우편물 받기)', 'mowing the lawn (잔디 깎기)' 등이 대표적인 'chore (집안일)'라고 할 수 있어요.

그 외에 장 보러 가기, 우체국 가기, 차에 기름 넣기 등은 'errand (심부름, 볼일, 용무)'에 가까워요.

미국에서는 많은 가정에서 집안일을 **가족 구성원들끼리 분담**해요. 아이들은 자신의 방을 청소하거나(clean their own room), 강아지에게 먹이를 주거나(feed the dog), 빨래 개는 것을 도우면서(help fold the laundry) 책임감을 기르기도 하고, 소소하게 용돈을 받기도 해요.

자, 그럼 이번 레슨에서는 **빨래와 설거지, 청소기와 먼지 털기, 요리 및 쓰레기 버리기** 등 아주 기본적인 집안일에 대해 이야기하는 표현을 순서대로 차근차근 배워 볼게요! 😊

I will do the dishes. They're starting to pile up in the sink.

제가 설거지할게요. 싱크대에 (설거지거리가) 쌓이기 시작했어요.

:

'설거지하다'라는 표현은 'clean (청소하다)'이나 'wash (씻다)'보다는 'do (하다)'라는 동사를 사용해서 'do the dishes (설거지하다)'라고 말하는 게 더 자연스럽고 일반적이에요. 그리고 'pile up (쌓이다)'을 사용해 설거지뿐 아니라 빨래, 분리수거 등 집안일이 산더미라는 것을 나타낼 수 있어요.

원어민 게이지 50%

\# 먹고 바로 눕는 행복과 맞바꾼 설거지산 \# 설거지는 내가 할게, 빨래는 누가 할래?

자원 👍👍👍👍👍   뒤처리 👍👍👍👍👍   활용도 👍👍👍👍👍

더보기 ▼

I need to do a few loads of laundry.

태산 같은 빨래를 좀 해야겠어요.

I will clear the table.

제가 식탁을 치울게요.

sink (부엌의) 싱크대, 개수대   loads of 수많은 (위에서는 빨래거리가 많아 태산 같다고 자연스럽게 해석)

The house needs to be cleaned from top to bottom.

집을 구석구석 청소해야 돼요.

:

이 표현은 'from top to bottom (구석구석)'을 사용해 대청소를 해야 한다고 말하는 표현이에요. 집이 너무 지저분해서 또는 손님이 방문할 예정이라 꼼꼼한 청소가 필요할 수 있기 때문이죠.

참고로, 함께 사는 사람들과 이야기할 때 'the house'라고 하고요. 같이 살지 않는 사람들과 이야기할 때는 'my house'라고 해요.

원어민 게이지 80%

집안에 티끌 하나 용납할 수 없다   # 털고 쓸고 닦고 착착

깔끔함 👍👍👍👍👍   의지 👍👍👍👍👍   활용도 👍👍👍👍👍

더보기 ▼

I will vacuum up the crumbs.

부스러기를 청소기로 치울게요.

Everything should be dusted until it's spick and span.

모든 것이 아주 깔끔하도록 먼지를 털어야 해요.

vacuum (up) 진공 청소기로 청소하다   crumb (특히 빵·케이크의) 부스러기
dust 먼지를 털다   spick and span 아주 깔끔한, 말끔한

I'll whip up dinner.

내가 저녁을 준비할게요.

:

이 표현은 "I'll make dinner. (내가 저녁을 만들게요.)" 대신 쓸 수 있는 자연스럽고 흔한 표현이에요. 원어민은 격의 없이 이 표현을 쓰고요. 종종 밥을 빨리 또는 간단히 준비하겠다는 의미로 쓰지만, 어떨 때는 이렇게 말하고 나서 매우 공들여 식사를 만들기도 해요.

원어민 게이지 100%

오늘밤 식사 당번은 접니다 # 구첩반상은 다음 기회에

적극성 👍👍👍👍👍   격식적 👍👍👍👍👍   활용도 👍👍👍👍👍

더보기 ▼

It's time to take out the trash.

쓰레기 버릴 시간이에요.

The fridge needs to be cleared out. There's some expired food in there.

냉장고를 치워야 해요. 유통기한 지난 음식이 있어요.

whip something up (식사·요리를) 잽싸게 만들어 내다   take something out (밖으로) 내놓다, 버리다   fridge 냉장고   clear out (~을/를 없애고) 청소하다   expired 기한이 지난, 만료된

The house needs to be cleaned
from top to bottom
before company comes.
Let's divvy up the chores.

Good idea.
The dishes are piled up
in the sink,
so I'll do the dishes first.
Then, I'll whip up dinner.

Okay. While you do that,
I'll vacuum, and dust everything
until it's spick and span.

We make a great team.
Oh, and it's time
to take out the trash.
Let's take it out
when I'm done making dinner.

...

divvy something up 분배하다   I'm done ~. ~(동사-ing)을/를 끝냈어요.

손님들 오기 전에
집안을 구석구석
청소해야 해.
집안일을 분담하자.

좋은 생각이야.
싱크대에 설거지거리가
잔뜩 쌓여 있어서,
내가 일단 설거지를 할게.
그러고 나서, 저녁을 준비할게.

그래. 네가 그러는 동안,
나는 청소기를 돌리고,
전부 다 말끔하게 먼지를 털게.

손발이 척척 맞네.
아, 그리고 쓰레기
버릴 때가 됐어.
내가 저녁 다 만들고 나면
같이 내다 버리자.

...

The house needs to be ❶ ▢▢▢▢
from ❷ ▢▢▢▢ to ❸ ▢▢▢▢
before company comes.
Let's divvy up the ❹ ▢▢▢▢.

Good idea.
The dishes are ❺ ▢▢▢▢
in the sink,
so I'll ❻ ▢▢▢▢ the dishes first.
Then, I'll ❼ ▢▢▢▢ dinner.

Okay. While you do that,
I'll ❽ ▢▢▢▢, and ❾ ▢▢▢▢ everything
until it's ❿ ▢▢▢▢ and ⓫ ▢▢▢▢.

We make a great team.
Oh, and it's time
to ⓬ ▢▢▢▢ the trash.
Let's take it out
when I'm done ⓭ ▢▢▢▢ dinner.

😊 **answer**   ❶ cleaned   ❷ top   ❸ bottom   ❹ chores   ❺ piled up
❻ do   ❼ whip up OR make   ❽ vacuum   ❾ dust

손님들 오기 전에
집안을 구석구석
청소해야 해.
집안일을 분담하자.

좋은 생각이야.
싱크대에 설거지거리가
잔뜩 쌓여 있어서,
내가 일단 설거지를 할게.
그러고 나서, 저녁을 준비할게.

그래. 네가 그러는 동안,
나는 청소기를 돌리고,
전부 다 말끔하게 먼지를 털게.

손발이 척척 맞네.
아, 그리고 쓰레기
버릴 때가 됐어.
내가 저녁 다 만들고 나면
같이 내다 버리자.

⑩ spick　　⑪ span　　⑫ take out　　⑬ making

Decluttering
정리하기

많은 사람들이 깔끔한 환경을 선호하기 때문에라도 **'decluttering (정리하기)'**은 일상생활에서 쉽게 접할 수 있는 대화 소재가 될 거예요.

깔끔하고 체계적인 사람을 묘사하는 긍정적인 방법은 다음과 같은 형용사를 사용하는 거예요. 'neat (깔끔한)', 'tidy (잘 정돈된)', 그리고 'organized (잘 정리된)' 등이 있어요.

사람들은 정기적으로 청소를 하고, **'clutter (잡동사니)'**를 치우는데, 'clutter (잡동사니)'란 지저분하게 널려 있거나, 너무 많이 쌓여 있는 것들을 말해요.

물론, 과하게 깔끔을 떤다거나 어수선한 일에 굉장히 스트레스를 받는다면, 'neat freak (결벽증이 있는 사람)'이라고 불릴 수 있어요. 모든 것이 정리되고 깨끗한 것에 집착하는 사람을 가리켜요.

자, 그럼 이번 레슨에서는 **가볍게 정리 정돈을 할 때, 청소와 더불어 정비 등이 필요할 때, 정리를 마치고 난 뒤 만족할 때** 원어민들은 어떤 표현을 쓰는지 차근차근 알아볼게요! 🙂

Let's declutter the living room before guests arrive.

손님들이 오시기 전에 거실을 정리하자고요.

：

위 표현은 'declutter (잡동사니들을 처리하다)'를 사용해, 물건을 정리하고 더 이상 필요하지 않은 지저분한 것들을 치우자는 의미를 나타냈어요. 명사 'clutter (잡동사니, 어수선함)'에 '분리·제거'의 뜻을 나타내는 접두사 'de-'를 붙여 너저분한 물건들을 치운다는 의미로 쓸 수 있게 되었죠!

원어민 게이지 50%

정리정돈이 습관이라면 # 전 습관이 없습니다 # 최대한 미뤘다 한 번에 가실게요

신속함 👍👍👍👍👍   **주도적** 👍👍👍👍👍   **활용도** 👍👍👍👍👍

더보기 ▼

It's time to organize the books.

책을 정리할 시간이에요.

I'd like to get rid of some knickknacks.

작은 장식품들을 좀 치우고 싶어요.

---

organize (특정한 순서·구조로) 정리하다   get rid of something ~을/를 없애다, 처리하다   knickknack 작은 장식품, 노리개, 장식용 골동품

The carpets need to be deep cleaned.

카펫을 제대로 청소해야 해요.

:

'deep clean'은 '대청소를 하다'라는 뜻인데, 카펫의 경우 평소보다 더 많은 노력을 기울여 제대로 청소한다는 뜻으로 이해하면 좋을 것 같아요. 직물 사이사이 쉽게 빠지지 않는 먼지나 각종 부스러기 등이 있기 때문이죠.

원어민 게이지 80%

\# 집 전체나 방을 'deep clean'한다는 건 \# 빛이 날 때까지 구석구석 청소한다는 뜻! \# 'deep-clean'은 '철저한 소독'이라는 뜻의 명사

본격적 👍👍👍👍👍   깔끔함 👍👍👍👍👍   활용도 👍👍👍👍👍

더보기 ▼

The kitchen cupboards are in desperate need of an overhaul.

부엌 찬장(은) 수리가 절실히 필요해요.

I want to purge the old and make way for the new.

오래된 물건들을 정리하고 새것을 위한 공간을 만들고 싶어요.

---

cupboard 찬장, 장롱   be in desperate need of ~ ~할 필요가 절실하다   overhaul 점검, 정비   purge 제거하다, 몰아내다, 없애다   make way 양보하다, 자리를 내주다

It puts my mind at ease to see everything in its right place.

모든 것이 제자리에 있는 걸 보니 마음이 놓여요.

:

깨끗한 공간을 즐기는 타입이라면 정리가 잘 되어 있는 것을 보고 이렇게 말할 수 있어요. "It puts my mind at ease. (안심이 돼요.)"는 평화롭고 편안함을 느낀다는 의미이고, 'everything in its right place (모든 것이 제자리에)'는 물건들이 모두 깔끔하게 정리되어 있다는 것을 의미해요.

원어민 게이지 100%

\# 냉장고 열었을 때 음료 라벨이 모두 한곳을 보고 있다 손! \# 물건을 쓰고 제자리에 두면 청소가 따로 필요 없죠 (으쓱)

만족 👍👍👍👍👍   예민 👍👍👍👍👍   활용도 👍👍👍👍👍

더보기 ▼

I can breathe a sigh of relief now that everything's neat and tidy.

모든 게 깔끔하게 정리되니 이제야 편하게 한숨 돌릴 수 있게 되었어요.

I feel like I can finally breathe now that everything's organized.

모든 게 정리되니까 이제야 숨통이 트이는 것 같아요.

---

put one's mind at ease 마음을 놓다, 안심하다   breathe a sigh of relief 안도의 한숨을 쉬다, 한숨 돌리다   neat (and tidy) 말끔한, 깔끔한   organized 정리된, 체계적인

Since we're putting the house
up for sale, the carpets need to be
deep cleaned. We should do it
before any showings.

Agreed. While we're at it,
let's declutter all the bedroom
closets. I don't want to turn off
any potential buyers by making them
think the closets are too small.

The kitchen cupboards are
in desperate need of an overhaul, too.

You're right.
We should get rid of stuff
we don't use. I want to purge the old
and make way for the new.

Let's roll up our sleeves
and get to work.

💬

put ~ up for sale ~을/를 팔려고 내놓다, 경매에 부치다   turn somebody off ~의 흥
미를 잃게 만들다   roll something up ~을/를 올리다   get to work 일을 시작하다

집을 팔기 위해 내놓아야 하니까
카펫을 제대로 청소할 필요가 있어.
집을 보여 주기 전에 해야 해.

같은 생각이야. 그러는 김에,
침실 벽장도 다 치우자.
잠재 구매자에게 벽장이 너무 작게 느껴져서
(집에) 흥미를 잃게 하는 건 원하지 않아.

주방 찬장도
완전 수리해야 해.

네 말이 맞아.
(그리고) 사용하지 않는 것들은 버려야 해.
오래된 물건들을 정리하고
새것들을 둘 자리를 마련하고 싶어.

소매를 걷어붙이고
일을 시작하자.

Since we're putting the house up for sale, the carpets ❶ ▢ to be ❷ ▢. We should do it before any showings.

Agreed. While we're at it, let's ❸ ▢ all the bedroom closets. I don't want to turn off any potential buyers by making them think the closets are too small.

The kitchen cupboards are in ❹ ▢ of an ❺ ▢, too.

You're right. We should ❻ ▢ stuff we don't use. I want to ❼ ▢ the old and ❽ ▢ for the new.

Let's roll up our sleeves and get to work.

😊 **answer** ❶ need ❷ deep cleaned ❸ declutter ❹ desperate need

집을 팔기 위해 내놓아야 하니까
카펫을 제대로 청소할 필요가 있어.
집을 보여 주기 전에 해야 해.

같은 생각이야. 그러는 김에,
침실 벽장도 다 치우자.
잠재 구매자에게 벽장이 너무 작게 느껴져서
(집에) 흥미를 잃게 하는 건 원하지 않아.

주방 찬장도
완전 수리해야 해.

네 말이 맞아.
(그리고) 사용하지 않는 것들은 버려야 해.
오래된 물건들을 정리하고
새것들을 둘 자리를 마련하고 싶어.

소매를 걷어붙이고
일을 시작하자.

❺ overhaul   **❻** get rid of   **❼** purge   **❽** make way   ▶

Disagreeing
(politely and strongly)
이견 표현하기

누군가의 의견에 **'disagreeing (동의하지 않는 것)'**은 어색하거나 불편할 수 있어요. 그리고 영어로 그것을 표현할 때 얼마나 정중한 혹은 강한 뉘앙스인지 알기 어려울 수도 있죠.

미국에서는 의견의 불일치가 계속되고 타협을 이루거나 서로 의견을 바꿀 기미가 보이지 않을 때 흔히 사용되는 표현이 있어요. 아래 표현은 여러분이 다른 사람의 마음을 바꾸려고 하길 멈추고, 앞으로 나아가고 싶다는 것을 의미해요.

e.g. Let's just agree to disagree.

서로 의견이 다른 것을 인정하도록 해요.

그럼, 이제 이번 레슨에서는 **격식을 차리거나 또는 격식을 차리지 않고 이견을 표현**하는 방법, **더 정중하게 반대**하는 방법, **여러분의 의견을 밝히면서 반대**하는 방법에 대해 순서대로 살펴 볼게요! 😊

I strongly disagree.

저는 완전 생각이 달라요.

:

이 표현은 무례하지 않은 선에서 강하게 반대할 때 쓰면 좋은 표현이에요. 'strongly (강하게, 완전)' 대신 'completely (전적으로)' 또는 'totally (완전히)'라고 할 수도 있어요. 다만, 이 표현은 강하게 반대를 표하는 만큼, 그 생각을 뒷받침할 만한 이유를 설명할 수 있는 게 중요하답니다.

원어민 게이지 50%

'completely (전적으로)'는 조금 더 격식을 차리는 뉘앙스 # 무턱대고 강하게 반대하는 건 조심!

확고함 👍👍👍👍👍   격식적 👍👍👍👍👍   활용도 👍👍👍👍👍

더보기 ▼

I'm absolutely against this plan.

전 이 계획에 전적으로 반대해요.

You can't be serious.

농담하는 거죠? (말도 안 돼요.)

absolutely 전적으로, 틀림없이, 극도로   You can't be serious. (허물없는 사이에 전혀 생각이 다름을 강조하는 반응으로) 농담하는 거죠? (= You must be joking/kidding.)

(I'm afraid) I have to disagree with you (on/about rebuilding).

(유감이지만) 재건축에 대해서는 제 의견이 다를 수밖에 없어요.

：

이 표현은 신중하고 정중하게 다른 의견임을 나타내기 좋아요. 'I'm afraid (유감이지만)'는 동의하지 않는 것에 대한 안타까움을 보여 줄 수 있어 덧붙여 말하기 좋지요. 그리고 'have to disagree (의견이 다를 수밖에 없다)'라는 표현은 반대하는 것이 옳은 일이라는 뉘앙스를 줘요. 무엇에 대한 반대인지가 굉장히 중요하겠죠?

원어민 게이지 80%

\# 전치사 'on/about' 뒤에 동의하지 않는 것에 대한 정보를 덧붙여 말할 수 있음 \# 상대가 틀렸다고 말할 때는 최대한 신중하고 정중한 태도가 중요

신념 👍👍👍👍👍   정중함 👍👍👍👍👍   활용도 👍👍👍👍👍

더보기 ▼

I'm afraid I disagree.

유감이지만 저는 동의하지 않아요.

That's not always true.

항상 그렇진 않아요.

---

rebuilding 개축, 재건축   not always ~ 반드시 ~인(하는) 것은 아니다

That's not how I see it. I think we should take our time and not rush into making a decision.

전 그렇게 생각하지 않아요. 너무 성급하게 결정하지 말고 천천히 해야 할 것 같아요.

:

해당 표현은 매우 흔하고 자연스러운 표현이에요. 간단하게 "That's not how I see it. (전 그렇게 생각하지 않아요.)"라고 말해도 되지만, "I think …. (제 생각에는 … 같아요.)"라고 자신의 의견을 추가로 덧붙여 설명할 수도 있어요.

원어민 게이지 100%

\# 편하게 자기 생각을 말하기 좋아요. \# 격식을 차려야 하는 상황에서 사용하는 건 비추천

캐주얼 👍👍👍👍👍   상세함 👍👍👍👍👍   활용도 👍👍👍👍👍

더보기 ▼

I'm not sure about that because the result was not great before.

이전에 결과가 좋지 않아서 잘 모르겠어요.

You have a point there, but I still think it's poorly planned.

일리가 있지만, 저는 여전히 계획이 엉성하다고 생각해요.

see (~라고) 보다, 생각·판단하다 은 '시간을 가지다, 내다'라는 의미   take out 획득하다, 취(득)하다 (위에서 'take our time' rush into ~ 급하게(무모하게) ~하다

I'm absolutely against
that candidate and everything
he stands for.

You can't be serious.
He's the most level-headed
person running. I can't even imagine
what state our country will be in
if another candidate wins.

That's not how I see it.
I think he's as crooked
as the rest of them.

I'm afraid I have to disagree
with you on this.

Well, we'll just have to agree
to disagree.

stand for ~ ~을/를 옹호하다, 찬성하다   level-headed 신중한, 침착한   run 출마
하다, 입후보하다   crooked 부정직한

난 그 후보와
그가 지지하는 모든 것에
전적으로 반대해.

설마 진심은 아니겠지?
그는 출마하는 사람들 중 가장 신중한 사람이야.
다른 후보가 이기면
우리나라가 어떻게 될지 상상이 안 돼.

난 그렇게 생각하지 않아.
난 그가 다른 사람들처럼
부정직한 것 같아.

유감이지만 이 점에 대해서는
의견이 다를 수밖에 없겠는데.

음, 우리 서로 생각이
다르다는 걸 인정하자고.

I'm ❶ ▮▮▮▮▮
that candidate and everything
he stands for.

You ❷ ▮▮▮▮▮.
He's the most level-headed
person running. I can't even imagine
what state our country will be in
if another candidate wins.

That's ❸ ▮▮▮▮▮ I see it.
I ❹ ▮▮▮▮▮ he's as crooked
as the rest of them.

I'm ❺ ▮▮▮▮▮ I ❻ ▮▮▮▮▮ to disagree
with you on this.

Well, we'll just have to agree
to ❼ ▮▮▮▮▮.

😊 **answer** ❶ absolutely against ❷ can't be serious ❸ not how

난 그 후보와
그가 지지하는 모든 것에
전적으로 반대해.

설마 진심은 아니겠지?
그는 출마하는 사람들 중 가장 신중한 사람이야.
다른 후보가 이기면
우리나라가 어떻게 될지 상상이 안 돼.

난 그렇게 생각하지 않아.
난 그가 다른 사람들처럼
부정직한 것 같아.

유감이지만 이 점에 대해서는
의견이 다를 수밖에 없겠는데.

음, 우리 서로 생각이
다르다는 걸 인정하자고.

❹ think   ❺ afraid   ❻ have   ❼ disagree

Agreeing
동의하기

우리는 지난 레슨에서 누군가의 의견에 동의하지 않는 것에 대해 배웠는데요. **'Agreeing (동의하기)'** 역시 다양한 표현 방법이 있어요. 누군가에게 동의하는 평범하고 쉬운 방법으로는 다음과 같은 표현들이 있어요.

e.g. Definitely! / Of course!
물론(이죠)!

또는 상대방의 긍정적인 말이나 부정적인 말에 따라 간단하게 동의하는 다음과 같은 표현들도 있어요.

e.g. Me, too.
[상대방의 긍정적인 말에 동의할 때] 나도 그래요.
e.g. Me neither.
[상대방의 부정적인 말에 동의할 때] 나도 마찬가지예요.

하지만 이 표현들보다 더 발전되고 자연스러운 원어민의 표현들이 많이 있죠. 이번 레슨에서는 그 표현들에 대해 배워 볼 건데요. **어느 정도 동의하거나 신중하게 동의하는 표현, 격식을 차려서 또는 캐주얼한 상황에서 강하게 동의하는 방법**, 그리고 **제3자와 의견이 같음을 나타내는 방법**에 대해 알아 볼게요! 🙂

I'm with you on that (point).

그 점에서는 당신과 같은 생각이에요.

:

해당 표현은 상대방이 한 말의 일부분에 동의하는 경우에 사용하기 좋아요. 또는 평소에는 의견이 다르다가 이번에는 같다고 할 때 쓸 수도 있어요.

동의한다고 조심스럽게 나타내는 표현이고, 완전히 또는 항상 동의하는 건 아니라는 점에 유의하며 말해 보세요!

원어민 게이지 50%

신중에 신중을 기해 동의하기 # 완전한 의견 일치가 생각보다 어렵죠?

격식적 👍👍👍👍👍 부분적 👍👍👍👍👍 활용도 👍👍👍👍👍

더보기 ▼

I suppose (so).

그런 것 같아요.

You've got a point.

일리가 있네요.

have (got) a point 일리가 있다, 장점이 있다 (여기서 'point'는 '요점, 핵심'을 의미)

I'm in agreement with that proposal.

그 제안에 동의합니다.

:

이 표현은 상대방의 의견에 강하게 동의할 때 쓸 수 있어요. 'be in agreement (동의하다)'는 'agree (동의하다)'보다 훨씬 더 형식적인 뉘앙스를 줘요. 여기에 전치사 'with'를 추가해 동의하는 대상(사람 · 결정 · 정책 등)을 다양하게 나타낼 수 있어요.

원어민 게이지 80%

\# 동의하는 주제는 전치사 'on/about'을 덧붙여 말해 보기   \# 동의하는 내용을 길게 설명하려면 'that'을 사용   \# 'to + 동사'로 설명할 때는 동사 'agree'만 쓸 수 있음

형식적 👍👍👍👍👍   전적 👍👍👍👍👍   활용도 👍👍👍👍👍

더보기 ▼

That's exactly how I see it too.

그게 바로 제가 생각하는 거예요. (저도 그렇게 생각해요.)

You can say that again.

네 말이 맞아.

---

exactly 정확히, 꼭, 틀림없이   You can say that again. 네 말이 맞아. (같은 말을 다시 해도 될 만큼 전적으로 동의함을 나타내는 표현. 맥락에 따라 '정말 그러네요.' 등으로 유연하게 해석)

I have to side with Scott on this one.

이번 건은 Scott 편을 들어야겠네요.

:

서로 다른 의견을 가진 사람들이 모여 그중 한 사람의 의견에 동의할 때 이 표현을 쓸 수 있어요. 'on this one'은 '이번에' 혹은 '이번 건에' 있어서 동의한다는 점을 강조하는 뉘앙스를 주지요. 조금 캐주얼한 표현이지만, 팀워크를 할 때는 직장에서도 당연히 쓸 수 있어요!

원어민 게이지 100%

\# 다수결 투표 같은 느낌적 느낌 \# A에게는 동의하는 표현이지만 B에게는 비동의의 표현이 될 수도

단발적 👍👍👍👍👍 비격식 👍👍👍👍👍 활용도 👍👍👍👍👍

더보기 ▼

I'm afraid I agree with Lisa.

유감이지만 저는 Lisa에게 동의해요.

It seems that Josh and I are in agreement.

Josh와 저는 의견이 일치한 것 같아요.

side with ~ ~의 편을 들다   agree with ~ ~에 동의하다

We have to watch the premiere
even if it is at midnight.

I don't really want to stay out
too late. I have to side with Amy
on this one. We should just see it
on the weekend.

If we don't go to the first
screening, we'll definitely
see spoilers the next day.

Hmm... I suppose you're right.
You've got a point. Fine, let's call Amy
and see if we can convince her.
If she says no,
then we'll go on the weekend.

Okay. I'm with you on that.
I'll give her a call now.

💬

premiere 개봉, 시사회, 본방송, 초연   midnight 한밤중, 자정
stay out (밤에) 집에 안 들어오다   screening 상영(회)

심지어 그게 자정일지라도
우리는 시사회를 봐야 해.

난 너무 늦게까지 밖에 있고 싶지 않은걸.
이번 건은 Amy 편을 들어야겠는데.
그냥 주말에 보는 게 좋겠어.

우리가 1차 상영회에 가지 않으면,
그 다음 날 반드시 우리는
스포일러를 보게 될 거야.

흠… 네 말이 맞는 것 같아.
일리가 있네. 좋아, 그러면 Amy한테 전화해서
설득할 수 있는지 보자.
만약에 Amy가 싫다고 하면,
그러면 주말에 가는 거야.

그래. 그 점은 나도 같은 생각이야.
지금 Amy한테 전화할게.

spoiler 스포일러   convince 설득하다, 납득시키다

We have to watch the premiere even if it is at midnight.

I don't really want to stay out too late. I have to ❶_____ Amy ❷_____ this one. We should just see it on the weekend.

If we don't go to the first screening, we'll definitely see spoilers the next day.

Hmm... I ❸_____ you're ❹_____. You've ❺_____ a ❻_____. Fine, let's call Amy and see if we can convince her. If she says no, then we'll go on the weekend.

Okay. I'm ❼_____ you ❽_____ that. I'll give her a call now.

😊 answer ❶ side with ❷ on ❸ suppose ❹ right ❺ got

심지어 그게 자정일지라도
우리는 시사회를 봐야 해.

난 너무 늦게까지 밖에 있고 싶지 않은걸.
이번 건은 Amy 편을 들어야겠는데.
그냥 주말에 보는 게 좋겠어.

우리가 1차 상영회에 가지 않으면,
그 다음 날 반드시 우리는
스포일러를 보게 될 거야.

흠… 네 말이 맞는 것 같아.
일리가 있네. 좋아, 그러면 Amy한테 전화해서
설득할 수 있는지 보자.
만약에 Amy가 싫다고 하면,
그러면 주말에 가는 거야.

그래. 그 점은 나도 같은 생각이야.
지금 Amy한테 전화할게.

6 point **7** with **8** on

Review & Practice

원어민 게이지 표현 사전

Review & Practice

1. 교재에서 배운 모든 표현들을 한눈에 훑어 보면서 복습해요.
2. 어떤 표현을 더 공부해야 하는지 네모(□)에 체크하며 확인해요.
3. 달달달 암기하고 반복하면서 내 것으로 저장해요.

Lesson | 01 ~ 05

Lesson 06 ~ 10

Lesson | 11 ~ 15

Lesson | 16 ~ 20

Lesson | 21 ~ 25

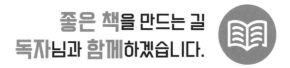

원어민 게이지 100% 살리는 스펜서쌤의 미국 영어

: 센스가 돋보이는 사회생활 영어 회화

초 판 발 행	2022년 02월 10일
발 행 인	박영일
책 임 편 집	이해욱
저 자	스펜서 맥케나
편 집 진 행	김현진
표지디자인	이미애
편집디자인	안아현 · 임아람
발 행 처	시대인
공 급 처	(주)시대고시기획
출 판 등 록	제 10-1521호
주 소	서울시 마포구 큰우물로 75 [도화동 538 성지 B/D] 9F
전 화	1600-3600
팩 스	02-701-8823
홈 페 이 지	www.edusd.co.kr
I S B N	979-11-254-9423-2(14740)
정 가	15,000원